趣味财务思维

Fun In Financial Thinking

主 编 邵经纬 唐文宇

立信会计出版社
LIXIN ACCOUNTING PUBLISHING HOUSE

图书在版编目(CIP)数据

趣味财务思维 / 邵经纬,唐文宇主编.—上海:立信
会计出版社,2021.9(2021.11重印)
ISBN 978-7-5429-6939-2

Ⅰ.①趣… Ⅱ.①邵… ②唐… Ⅲ.①财务管理
Ⅳ.①F275

中国版本图书馆 CIP 数据核字(2021)第 193638 号

策划编辑　　郭　光
责任编辑　　郭　光

趣味财务思维

QUWEI CAIWU SIWEI

出版发行	立信会计出版社		
地　　址	上海市中山西路 2230 号	邮政编码	200235
电　　话	(021)64411389	传　　真	(021)64411325
网　　址	www.lixinaph.com	电子邮箱	lixinaph2019@126.com
网上书店	http://lixin.jd.com		http://lxkjcbs.tmall.com
经　　销	各地新华书店		

印　　刷	上海天地海设计印刷有限公司
开　　本	710 毫米×1000 毫米　　　1/16
印　　张	14.5
字　　数	173 千字
版　　次	2021 年 9 月第 1 版
印　　次	2021 年 11 月第 2 次
印　　数	3101—5200
书　　号	ISBN 978-7-5429-6939-2/F
定　　价	48.00 元

如有印订差错,请与本社联系调换

序　言

让财务从此不再枯燥

人类社会已经悄然来到了 21 世纪的第三个十年,商业文明的种子早已在世界的每一个角落生根发芽。在这样的时代大背景下,财务与会计作为全球共同的"商业语言",在社会发展中的地位更是不断凸显。据不完全统计,截止到目前为止,我国各类财务从业人员已达两千万之多,每年我国财务人员在专业技能上的学习投入也呈现出一个逐年递增的趋势。但与此同时,当前我国的财务会计类读物却呈现出这样一个局面:各种财务类的教材书籍汗牛充栋,真正有趣的财务普及类读物却是屈指可数。

基于上述原因,笔者结合自身十多年以来在财务会计领域从业以及教学过程中所累积的点滴经验编撰了本书,旨在提供一些自己在财务会计领域的个人心得以及观点来和广大财务会计从业人员或对财务会计感兴趣的读者朋友们进行分享。笔者在此也希望每一位读者朋友都能从本书中获益,无论是在学习还是在工作中,都能真正做到事半功倍。

本书共分为三个篇章:第一篇章为"会计理论趣谈",第二篇章为"会计实务精讲",第三篇章为"财务思维拓展"。本书主编为邵经纬、唐文宇,樊亚平参与编写及审稿工作。本书之所以选择这样的编排结构,是因为笔者希望和读者朋友们一起从最初的"理论"层面走到"实务"阶段、再从"实务"阶段能最终拓展到"思维"境界。笔者在大学时的一位老师曾经说过这样的一句话,"三流的老师教知识,二流的老师教方法,一流的老师教思维"。笔者当然不敢在此自诩自己属于哪一流,但是笔者希望借本书能起到"传道、授业、解惑"的作用,更希望读者朋友能从本书中获得一些学习财务会计的方法,至于"思维"层面,这也是笔者穷其一生所希望能达到的至高境界,正如金庸笔下独孤求败的武学境界那样——"手中无剑,心中有剑"。

除了本书的结构安排,本书在内容上也没有采用市场上绝大部分会计主流教材那样的编撰顺序,从第一章的"总论"开始,继之以"货币资金""应收款项"等内容,直至最后一章的"合并财务报表"这样序时账式的编撰顺序,同时在表述上更是大量直接引用晦涩难懂的准则原文。本书的最大特点是对财务会计基本理论以及实务中的重点和难点内容进行挖掘,并在撰写的过程中融入笔者自身的一些见解和观点,通过深入浅出的讲解,就好像是往一副副干枯的骨架中注入灵魂,让原本晦涩抽象的财务会计学原理以一种更加血肉丰满的形象呈现在读者面前。

本书之所以选择"趣味财务思维"这样一个题目,是因为笔者在国内很多机构任教的时候听到不少学员说过这样一句话"财务枯燥无趣"。其实无论我们是否愿意,我们或许都有必要认清这样一个现实:对于芸芸众生而言,学习这件事本身是很难坚持的一件事情,这也就是为什么只有极少数的人才能最终攀爬到学术金字塔的顶端。我们也常说这样一句话——"兴趣才是最好的老师",所以本书也是想从另一个视角切入,让读者们都能真正发现财务中的趣味性,并以兴趣为导师,真正走入到财务与会计的世界当中,从而使财务与会计不再枯燥。

当然,这里的"有趣"是"严肃之有趣",因为过于严肃必然会让人觉得沉闷和厌倦,而缺乏严肃的有趣又未免带给人哗众取宠的感觉,所以本书也是尽力在两者中取得一个平衡。比如,笔者在撰写合并报表章节的时候,并没有直接引用准则的原文来进行赘述,而是告诉读者,合并日财务报表的编制如同举办一场神圣的婚礼,这里的男、女主角即新郎与新娘分别是母、子公司;对于合并日以后的财务报表的编制就如同新郎与新娘在婚后的日常生活,这样做的目的也是希望能在一种相对诙谐幽默的氛围中来和读者朋友深入浅出地讨论合并报表的编制原理。

最后,笔者想在这里和广大读者朋友们说的是,作为一名普通的财务人员,笔者也曾殚精竭虑地希望在这本书当中注入自己全部的人文情怀,奈何自身知识储备的局限性很难做到让每一位读者都对本书满意,所以笔者在这里也希望每一位读者都能不吝指出本书的不足之处,以便笔者在日后对本书不断进行打磨,这也是对笔者和本书所呈现的最大敬意。

是为序。

邵经纬 唐文宇

2021.08

目 录

第三篇　财务思维拓展

第一篇

会计理论趣谈

第1讲

什么是会计：一门分类的艺术

悄无声息中，人类社会已经跨步迈入到了21世纪的第三个十年，商业文明的种子也早已在世界的每一个角落生根发芽。伴随着我国市场经济体制的不断完善以及商业模式的不断创新，会计如今在整个社会经济运行中扮演着越来越重要的角色。对于广大财务会计人员而言，如何提升自我职业素养的迫切性可能已经超过了以往任何一个时期，"会计"已不仅仅是一门全球化的"商业语言"，更是我们打开通往全球经济大门的钥匙。与此同时，会计学作为经济管理类学科的基础课程，学好会计学的意义已经不仅仅停留在会计学本身，学好会计学同时也是学好其他经济管理类课程的重要基础。可以毫不夸张地说，会计学是一切经济管理类专业课程的基础，就如同数学是一切自然科学的基础一样。

一、什么是"会计"

在简单讲述了会计这门学科的重要性以后，我们就先来谈谈什么是"会计"？这看似是一个十分简单的问题，但是很多从事了多年财务会计工作的财务工作者却也未必能参透其中的精髓。从这一刻开始，我们就将和广大读者朋友们一起走进"会计"的世界，和大家一起来揭开"会计"她那神秘的面纱，让大家都成为一个真正懂"会计"的人。

我曾经问过很多会计小白这样一个问题，"你既没有学过会计，也没有从事过会计工作，现在我和你说'会计'这两个字，你首先会联想到什么?"，绝大部分会计小白的回答是"钱"和"做账"这两个词。为了给大家说清楚"会计"，接下来我们不妨先回到会计最原始的定义。

"会计是以货币计量为手段，记录企业再生产过程中的资金运动"，这就是会计最为原始的定义。这里的"货币"我们可以简单地将其理解成"钱"，"记录企业再生产过程中的资金运动"我们则可以将其通俗地说成是"算账"，也就是说，会计就是一项记账工作，记录企业的"钱"的账。

说到这里，我们不妨来思考这样一个问题，我们每个人不论是否学过会计，是否从事过会计工作，其实我们每个人每天都在为自己算账，为什么这样说呢? 因为在市场经济高度发达的今天，"钱"作为最重要的市场交易媒介已经渗透到了我们日常生活中的每一个角落。例如，我们每个人都需要计算我们每个月的收入就是我们每个月能赚到多少钱，其中工资收入是多少，理财收入又是多少，同时，我们还需要根据我们的收入来"量入为出"也就是怎么样去花这些钱，上下班究竟是坐车还是坐地铁，遇到入不敷出的时候到底是寻求其他人的资助还是进行适当的举债即借钱等一系列围绕着"钱"所展开的问题，也就是说，我们每个人其实无时无刻不在为自己"算账"。

人是这样，作为社会经济主体的企业当然也是这样，企业的一切运作都离不开钱，都需要依靠资金来维系，如企业需要按时向雇员支付工资、向业主支付办公楼的租金，同时，还需要及时向税务机关缴纳税款等，所谓"兵马未动，粮草先行"说的其实就是这个道理。当然，企业的运作除了需要花钱，其在创立的时候也会接受股东的投资、适时的举债，如向银行进行贷款等。除了接受投资和举债，企业也会通过向社会提供自己的产品和服务等经营活动来取得经营收入即"赚钱"，这些其实又都是企业如

何去弄 "钱" 的问题。

由此可见，企业所谓的资金问题就是一个 "钱" 的问题，这也就是企业最关心的问题，那就是企业的钱究竟是从哪里来的，又会被用到哪里去？而会计正是反映企业的资金问题即 "钱从哪里来，用到哪里去" 的问题，这也就是 "企业再生产过程中的资金运动"。

二、会计是一门分类的艺术

相信经过上面的讲解，广大读者朋友已经能够对 "会计" 有了一个初步的了解。既然是一项记录企业的资金来龙去脉的工作，那么这项工作运行的底层逻辑究竟是什么？或者说，一个会计人员究竟是怎么去开展具体的会计工作呢？这里的秘密其实就是 "分类"。

"企业的钱从哪里来，又被用到哪里去了"，这里其实已经隐含了 "分类" 的哲学，即将企业的资金运动首先拆分成两大类，企业资金的来源是一大类，企业资金的用途又是一大类，这也是会计学中对于 "资金运动" 所作出的第一次分类。现在，我们需要将 "资金的来源" 和 "资金的去向" 再次进行分类。对于企业的资金来源，会计上将其定义为以下三类：

（1）企业的第一个资金来源就是企业从债权人那里借来的，企业在得到一笔资金的同时也会形成自身的一项 "负债"，比如 "长期借款"，这其实就是企业从银行取得的长期贷款，这里的债权人其实就是向企业发放贷款的商业银行。

（2）企业的第二个资金来源就是企业的股东（又称企业的 "所有者"）对企业所进行的投资，企业在收到股东投资的同时也会形成企业的一项 "所有者权益"（又称 "股东权益"），比如 "实收资本"，这就是股东所投入到企业的投资款。

（3）企业的第三个资金来源就是企业通过日常的经营活动，向市场提供自己的产品和服务所赚取的"收入"，比如工厂销售自己生产的产品、餐饮店提供餐饮服务，电影院为观众播放电影等，这些活动都会形成企业的"收入"来源，因为工厂在销售产品以后会收到客户企业的货款、餐饮店的顾客也会在吃完饭以后结账买单、电影院的观众也需要买票以后才能入场观看电影。

以上三项共同构成了企业的"资金来源"，也回答了我们"企业的钱是怎么来的"这样一个问题。接下来我们再来聊一聊第二个问题，就是企业的钱的出处问题，即"企业的钱都被花到哪里去了"。对于企业的资金去向，会计上将其定义为以下两类：

（1）第一个资金出处就是企业所进行的各种投资，其会形成企业的一项"资产"。比如，工厂需要添置机器设备进行扩大再生产、餐饮店对厨房进行改扩建，从而可以吸纳更多的客人就餐。如果企业在经营过程中产生了闲置资金，企业也会在金融市场上投资一些债券或者股票来获取些投资回报等，这些都是企业的投资活动，最终也都会给企业添置一项资产。

（2）第二个资金出处其实就是企业支付日常经营活动中的各项"费用"。比如，根据相关法律和合同，企业需要按时支付员工的工资、房租以及水电费等。当然，在企业的日常生产经营过程中，企业也有很多其他的账单需要支付，如员工报销的差旅费、投放广告的广告费用等，这些都是企业在日常经营活动中所产生的"费用"。

在上面的讲解中，我们提及的"资产""负债""所有者权益""收入"和"费用"其实都是"会计要素"。其中，"资产""负债"以及"所有者权益"我们称之为会计"静态要素"，反映的是企业的财务状况；"收入""费用"以及两者的差额即"利润"我们则称之为会计"动态要素"，反映的是企业的经营成果。从这里我们也不难看出，"会计要素"其实是对于"资金的来源"和"资金的去向"所作出的再一次分类，也就是第二次的分类，"会计要素"的图解如图 1-1 所示。

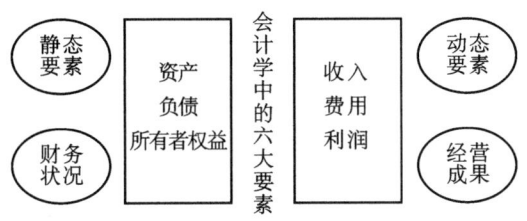

图 1-1　会计要素图解

有了会计要素以后，我们还可以对其继续进行分类。比如，对于其中的资产，我们可以将其再次细分成"银行存款""库存商品"和"固定资产"等会计科目；对于"负债"，我们可以再次细分成"短期借款""应付账款"以及"应交税费"等会计科目；对于"所有者权益"，我们可以再次细分成"实收资本"和"利润分配"等会计科目；对于"收入"和"费用"，我们可以细分成"主营业务收入""主营业务成本""管理费用""财务费用"以及"销售费用"等。可见，"会计科目"其实又是对于"会计要素"所作出的进一步分类，经过这一次的分类，会计向我们呈现的信息更加清晰明了，而会计科目也是我们进行日常账务处理，即编制会计分录时最直接的对象。

最后，企业也可以结合自身的经营管理需要对会计科目进行第三次分类。比如，对于资产中的"固定资产"，生产制造型企业可以按需要将其细分成"机器设备""厂房"以及"运输工具"等，"机器设备""厂房"以及"运输工具"也就是"固定资产"项下的"明细科目"。会计，也正是在这样不断的分类过程中向我们展现出越来越丰富的会计信息和企业经营活动的全貌，会计学中的分类层次如图 1-2 所示。

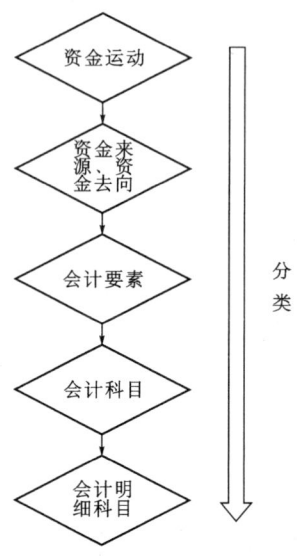

图 1-2　会计学中的分类层次

正如我们学习生物学，我们首先会对所有的生物按"域—界—门—纲—目—科—属—种"进行一个个层级的不断分类。其中我们人类就属于"真核生物域—动物界—脊索动物门—哺乳纲—灵长目—人科—人属—智人种"，而分类的目的其实就是要帮助我们更好地去认识和研究客观事物。

在英语中，会计被翻译成"accounting"，"accounting"是"account"的动名词，"account"在英语中就是"账户"的意思。可见，在现代会计的创立者西方人的眼中，"会计"的本质其实就是设置一个个具体账户的工作，而"account"的词根恰好就是"分类"，会计学也因此一直被定义为一门不断细化和分类的艺术。现代会计学也正是起源于亚里士多德时期的分类学，采用分类这种方法，会计可以向我们清晰地反映企业的整个资金运动。

第 2 讲

"发生额" 和 "余额"：
"流量" 和 "存量" 的会计化身

在这一讲中，我们将和广大读者朋友一起来聊一聊两组概念："流量"和"存量"、"发生额"和"余额"。"流量"和"存量"其实是经济学中一对非常重要的概念。无独有偶，在会计学里面，同样有这样一对非常重要的概念："发生额"与"余额"。对于这两组概念的深刻理解不仅有助于我们学好经济学，对于我们理解会计学中的一些公式以及原理也同样具有十分重要的意义。那么，这两组概念分别是什么？它们之间又分别有着怎样的联系？本讲我们就将和广大读者就这些问题展开探讨。

一、"流量" 和 "发生额"

"流量"反映的是一个时期数，"流量"最大的特点是期末没有"余额"（注意：这里"没有余额"和"零余额"是两个概念），它一定是隶属于某个特定时间段的概念范畴。会计学中的"发生额"其实也是隶属于某个时间段的概念范畴。比如，我们会说"我这个月（1月份）的收入是 10 000 元"，而不会说"我在这个月月底（1月31日24点）的收入是 10 000 元"，因为这里的 10 000 元其实是一个"流量"的概念，代表的是这一个月的时期数而不是某一个具体时点上的数字金额，这个月就是这个"流量"的时间概念范畴，10 000 元同样也是这个月的"发生额"。

二、"存量"和"余额"

"存量"，顾名思义，其所反映的是某一个具体时间节点上的留存数字。区别于"流量"，"存量"一定是隶属于某个时间节点的概念范畴。同样，会计学中的"余额"也是隶属于某个时间节点的概念范畴。比如，我们会说"我截止到这个月月底（1月31日24点）的银行存款余额是100 000元"，而不是"我在这个月（1月份）的银行存款金额是100 000元"，也就是说，这里的100 000元其实是月底那个时间节点上的数字金额而非某一个时间段的数字金额，这个月月底就是这个存量的时间概念范畴，而100 000元也是截止到这个月月底的"余额"。

通过上述的举例，我们也就不再难理解，会计学概念中的"发生额"与"余额"其实就是经济学概念中"流量"与"存量"的狭义化身。

在简单描述了这两组概念以后，我们再来看看它们分别会涉及哪些具体项目：

（1）流量。"GDP"即国内生产总值、"GNP"即国民生产总值以及会计利润表中的各个项目，即收入、成本以及费用、收益等都属于流量的概念，因为它们的时间范畴都是一个特定的时间段，也就是说，是一个个具体会计期间内的"发生额"。

（2）存量。对于资产负债表中的各个项目，比如"货币资金""固定资产""应付账款"以及"未分配利润"等都是一个存量的概念，因为它们所对应的时间范畴都是一个具体的时间点即资产负债表的期初或者期末的那个时间点，也就是说，资产负债表中各个项目的金额是资产负债表中期初和期末时点上的"余额"。

三、"流量"和"存量"之间的相互关系

在简单聊完了两组概念以及它们各自涉及的具体项目以后，我们现在再来看一看两者之间的相互关系。如同"借"和"贷"这两个会计记账符号的关系可以用"有借必有贷，借贷必相等"这样一句话来进行概括，流量和存量之间的关系也可以用一句话来进行概括，即"存量源于流量，流量归于存量"。

存量源于流量：指的是存量的来源是流量，我们还是回到本讲最初的举例，为什么截止到月底我的银行存款会有 100 000 元，这是因为我每个月都省吃俭用，将收入扣除日常费用后的金额留存起来，长年累月以后最终让涓涓细流汇成了汪洋大海。

流量归于存量：指的是流量的终点一定是一个存量，流量好比世间万物，生生不息，但是也遵循着自然界万物生老病死的大自然法则，而存量正是流量的最终归宿。好比我们国家改革开放以来，GDP 以及出口贸易额每年实现高速增长，最终形成的结果就是国民财富以及外汇储备的巨额积累，这也是为什么"流量"很多时候也被称为"存量的增量"。关于"流量"和"存量"的关系图解如图 2-1 所示。

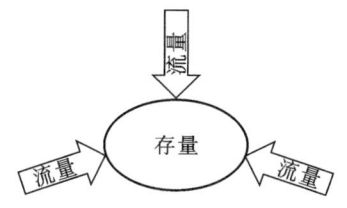

图 2-1　"流量"与"存量"关系图解

四、"存量源于流量，流量归于存量"原则在会计上的具体运用

相信学过会计的读者朋友们一定不会对下面这个公式感到陌生，那就是：

期初余额＋本期发生额＝期末余额

上面这样一个公式其实就是一个"流量归于存量"的原则的具体运用。笔者之前在国内很多机构讲授财务会计学课程的时候，发现不少学员经常会犯这样一个错误，那就是期末结转损益的错误。几乎每位学员都知道期末需要将当期全部的损益类科目的发生额结转到"本年利润"这个科目中，这里的本质其实就是一个"流量"汇总的工作。什么意思呢？就是用当期全部的"收入"类会计科目的金额减去全部的"成本费用"类会计科目的金额，从而计算得出当期的"净利润"的金额。但是，很多学员往往会遗漏后面一步，那就是将"本年利润"这个科目当期的发生额再次结转到"利润分配——未分配利润"这个会计科目中，因为"本年利润"本身其实还是隶属于流量的概念，其所反映的还是一段时间内的全部"发生额"。"利润分配——未分配利润"才真正是一个存量的概念，它是所有损益类科目的最终归宿，也就是说，只有完成了这一步，当期的全部"流量"金额才真正归于了"存量"，也只有这个时候，我们才算真正完成了本期的全部会计核算工作。

通过上面这个举例，我们不难发现，只有当我们对一些基本的会计学原理和概念有一个清晰透彻的认识，我们才能真正地学好会计，做好会计工作。

第 3 讲

资金守恒定律：隐藏在会计
恒等式中的大自然法则

相信通过第一讲《什么是会计：一门分类的艺术》的讲解，广大读者朋友们对于会计已经拥有了一个初步的认识。本讲，我们将和广大读者朋友一起来探讨会计学中的一个重要基本原理：会计恒等式。

我们已经知道，会计是一项反映企业资金运动的记账工作，说的更具体一点，就是登记每一笔经济业务中对应的会计科目的增减变动情况。那么问题是，会计究竟是通过什么样的方式来反映这些会计科目的增减变动情况呢？这些方法的背后又遵循着什么样的会计记账原理呢？这里，我们就将为大家引出会计的基本记账原理，概括起来就是"有借必有贷，借贷必相等"这一句话。短小精悍的这句话可以说是整个会计学的精髓，那么其中究竟又蕴含着怎样的哲理呢？

如果想要真正理解"有借必有贷，借贷必相等"这句话的内涵，我们首先需要弄清楚下面这两个问题：

(1) 这里的"借"和"贷"究竟是什么，它们分别有什么意义？

(2) 这句话中的"必相等"为什么不是"要相等"，这里面是不是存在着什么内在的必然性逻辑？

下面，我们就将为广大读者朋友来解答这两个问题。

一、什么是"借"和"贷"

我们常说，会计是一门"商业语言"。作为一门语言，其也会和其他人类语言一样，在人类文明的实践过程中，逐渐形成了自身特定的"语法"规则。会计的实务工作虽然是分别登记每一笔经济业务中哪些会计科目增加了多少金额，哪些会计科目又减少了多少金额，但是在会计理论以及实务中都不是简单地用"增"和"减"这两个字来分别表示会计科目金额的增加和减少，而是用"借"和"贷"这两个会计记账符号，其背后的意义就是表示企业资金的"借出"和"贷入"。

不难理解，企业"借出"资金的结果必然会导致企业资金的减少，而企业"贷入"资金的结果则必然会导致企业资金的增加。这样，我们其实也就不难理解为什么对于"资产"和"费用"这两大类会计科目，其"借方"表示金额增加，而"贷方"则表示金额减少；同样，对于"负债""所有者权益"和"收入"这三大类会计科目，其"贷方"表示金额增加，而"借方"则表示金额减少。

"资产"其实是企业投资行为的结果，"费用"则是企业日常的消费行为的结果。两者在本质上都是表示企业发生了一笔资金支出，所以其必然会导致企业的资金因为流出而减少，即企业"借出"了资金，因此，对于"资产"和"费用"类账户，其金额的增加都是体现在"借"方，而减少则是体现在"贷"方，我们也因此把"资产"和"费用"类账户统称为"借方账户"。

"负债"是企业从其债权人，如贷款银行处取得的资金来源，"所有者权益"是企业从其股东处所取得的资金来源，"收入"则是企业因为销售产品、提供服务等从其客户处取得的资金来源。这三者其实都表示企业的资金来源，所以其结果必然会导致企业的资金因为流入而增加，即企业"贷入"了资金，因此，对于这三类账户，其金额的增加都是体现在"贷"方，而减少则是体现在"借"方，所以我们也把这三大类账户统称为"贷方账户"。

经过上文的讲解，相信广大读者朋友也已经找到了第一个问题的答案了："借"和"贷"其实是分别表示企业资金"流入"和"流出"的方向符号。在搞清楚了第一个问题以后，现在我们就接着再一起来探讨第二个问题。

二、"借""贷"为何必相等

在了解了"借"和"贷"的会计意义之后，我们就可以深入探讨"有借必有贷，借贷必相等"这句话的真正含义了，也就是这里的第二个问题，这里究竟存在着什么样的"必然性"呢？

在对这个问题展开讲述以前，我们不妨先切换一个视角，回到自然科学的课堂上。笔者的中学化学老师就曾经说过这样一句话"同学们，你们有没有发现，我们其实是生活在一个微妙的等式世界里，在物理学里面有能量守恒定律，同样，在化学里面有质量守恒定律，这是大自然的法则。"这里，我们不妨就用能量守恒定律来举例，能量守恒定律告诉我们：自然界的能量既不会凭空产生，也不会凭空消失，只是从一种形式转换成另一种形式，或者是从一个能量载体转移到了另一个能量载体上面，能量生生不息，永不消逝。

同样的道理，其实对于会计学也一样适用。在会计学里也有两个非常重要的恒等式，分别如下：

$$资产 ＝ 负债 ＋ 所有者权益 \qquad (1)$$

$$资产 + 费用 = 负债 + 所有者权益 + 收入 \qquad (2)$$

这里的公式（1）我们称之为静态恒等式，这里的"静态"其实是指该公式中的三个会计要素"资产""负债"以及"所有者权益"所反映的是一个期末余额，即一个静态"时点数"的存量概念，静态恒等式也是我们以后编制资产负债表的理论依据。

这里的公式（2）我们则称之为动态恒等式，这里的"动态"其实是指该公式中的五个会计要素"资产""负债""所有者权益""收入"以及"费用"所反映的是一个期间发生额，即一个动态"时期数"的流量（也可以称为一定时期的"增量"）概念。动态恒等式的图解如图3-1所示。

图 3-1　会计动态恒等式图解

动态恒等式能很好地诠释"有借必有贷、借贷必相等"这句话的真正内涵，那就是：对于企业的每一笔资金业务，只要有一笔资金流入企业，也就必然会有一笔资金流出企业，而且流入企业的资金量必然等于流出企业的资金量。这里我们来给大家举个例子，假设企业采用赊销的方式从供应商处采购了一批原材料，该经济业务所对应的会计分录如下：

借：原材料

　　贷：应付账款

这里，企业流入的资金所对应的会计科目就是"应付账款"这个负债类科目，我们可以将其理解成企业从它的供应商那里"借来"了一笔资金，从而形成了企业的一笔负债即"应付（供应商的）账款"，所以"应付账款"这个会计科目其实是向我们揭示了该笔经济业务中企业的资金来源问题，也就是回答了我们"企业的钱从哪里来的"这样一个问题；该笔经济业务中流出企业的资金所对应的会计科目是"原材料"这个资产类科目，也就是说，"原材料"这个科目其实是回答了我们"企业的钱被花到哪里去了"这样一个问题。

可见，会计理论的底层逻辑其实是将企业看作是一根水流可以在两端自由流通的"水管"，这样的水管一定是留不住水的，一头是入水口而另一头则是出水口，流出的水流量也必然等于流入的水流量。因此，对于动态恒等式，我们也可以将其形象地称为"资金守恒定律"，企业的资金就仿佛在人体中自由流淌的血液，在每一根血管中"生生不息，永不消逝"。资金守恒定律如图 3-2 所示。

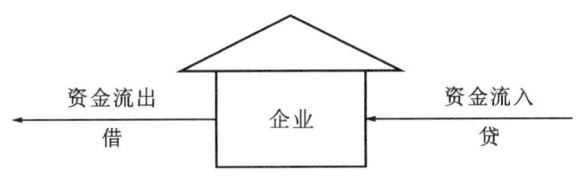

图 3-2　资金守恒定律图解

如果说"能量守恒定律"和"质量守恒定律"分别是我们打开物理学和化学这两门自然科学大门的钥匙，那么"资金守恒定律"就是我们打开会计学大门的钥匙，会计人员所编制的每一笔会计分录都必须遵循"有借必有贷，借贷必相等"的会计记账原则，这其实就是"资金守恒定律"的一个基本运用，当然，在之后篇幅的讲解中，我们还会用这把钥匙来开启通往"现金流量表"编制的大门。

第4讲

我国到底有哪些"企业"

通过之前篇幅的讲解，我们已经知晓了会计学是给企业核算记账的学科。那么在本讲中，我们就来和广大读者朋友一起聊聊会计的核算主体："企业"。

企业是以盈利为主要目的的社会经济组织。据不完全统计，我国目前所登记注册的各类企业数量已经超过了三千万家。虽然我国的企业数量是如此之庞大，但是如果我们要对这么多的企业进行分类，其实只有两类："自然人企业"和"法人企业"。当然，这里的分类并非官方所进行的分类，而是笔者结合我国不同类型企业的特点所作出的分类。

一、"自然人"和"法人"

要了解什么是"自然人企业"和"法人企业"，我们首先需要了解什么是"自然人"和"法人"。

(一) 自然人

顾名思义，自然人就是一个个具体的个人。如同自然界万物生灵一样，每个人的出生、成长壮大以及衰老死亡都遵循着大自然万物生生不息的规律，也就是说，自然人就是一个个血肉丰满的生命体。区别于"法人"，"自然人"的人格取得是自然界生灵万物繁衍生息的结果，其并不需要借助任何法律上的授权。

(二) 法人

法人是具备独立法律人格的组织实体,这里指的其实就是依法(一般为《公司法》)设立的"公司"制企业,法人最大的特点是能和自然人相互分离,以"公司"的名义独立行使法律行为并承担相应的法律后果。区别于"自然人","法人"的人格是通过一定的法律授权(一般为依法设立)所取得。

二、我国目前的企业组织形式

在了解了"自然人"和"法人"的定义以后,接下来我们和广大读者朋友一起来探讨目前我国企业的具体分类。目前,我国的企业类型具体可以分为以下三大类。

1. 个人独资企业、个体工商户

个人独资企业和个体工商户(就是我们通常所说的"个体户")都是在我国境内设立的营利性组织,其最大的特点是企业的业主都只有一个人。但是,两者的区别在于:

(1) 个人独资企业需要有固定的经营场所和合法的企业名称,而个体工商户不需要;

(2) 个人独资企业的投资者和经营者可以不是一个人,也就是说,个人独资企业的老板和员工可以不是一个人,但是个体工商户则不同,老板也是员工。

一个自然人所设立的"工作室""中心"等都属于个人独资企业或个

体工商户企业。

2. 合伙企业

合伙企业是指由各合伙人订立合伙协议，共同出资，共同经营，共享收益，共担风险，并对企业债务承担无限连带责任的营利性组织。按照合伙人对于合伙企业的债务所承担的责任范围，合伙企业具体可以分为：

(1) 普通合伙企业；

(2) 有限合伙企业；

(3) 特殊普通合伙企业（比如我们所熟悉的会计师事务所就属于"特殊普通合伙企业"）。

3. 公司

公司是依照《公司法》在我国境内设立的以营利为目的社团法人，公司是目前我国最主要的企业组织形式，也是我们最为熟悉的企业形式。我国目前的公司类型主要包括以下两类：

(1) 有限责任公司；

(2) 股份有限公司。

其中，上市公司都属于"股份有限公司"，区别于一般的股份有限公司，上市公司的股票可以在公开的股票交易市场（也就是我们俗称的"股市"）上进行交易。

三、"自然人企业"和"法人企业"

在简单了解了我国企业的组织形式以后，现在我们就结合"自然人"

和"法人"的特点，将我国的企业"对号入座"，分别划分为"自然人企业"和"法人企业"。

（一）自然人企业

个体工商户、个人独资企业和合伙企业都属于"自然人企业"，因为它们都不具备独立的法人资格。

这类企业的企业主一般需要对企业债务承担无限连带责任（有限合伙企业的有限合伙人以及特殊普通合伙人中的普通合伙人因其他合伙人的舞弊欺诈或重大过失所导致的企业债务除外），也就是说，如果企业的资产不足以偿还企业的债务，企业主需要以其个人财产进行偿付。

除了承担债务的方式，这类企业所实现的利润视同企业的企业主个人（假设投资人都是"自然人"）的利润，仅仅需要缴纳"个人所得税"即可，所以，这类企业不必像"公司"企业那样先缴纳"企业所得税"，之后向股东的分红再缴纳"个人所得税"。可见，"自然人企业"最大的特点就是企业和企业主在人格上的"合二为一"。

（二）法人企业

我国企业组织形式中的"公司"属于"法人企业"，它一般都具有独立的"法人资格"。这类企业的企业主即股东一般不需要对企业债务承担无限连带责任，也就是说，如果企业的资产不足以清偿企业的债务，那么就以企业本身的资产来进行偿付（其上限一般为有限责任公司注册资本金额或股份有限公司的股本金额来作为承担责任），而公司的股东一般情况下也不需要再以其个人财产来对企业的债务进行额外的偿付。

除了承担债务的方式不同，公司制企业所实现的利润并不视同公司股东的利润，而是视为公司这个"法人"所实现的利润，所以这个"法人"需要独立地承担纳税义务，即由公司来缴纳"企业所得税"；而公司以其缴纳企业所得税以后的税后净利润来对自然人股东所进行的股利分配则视为自然人股东的个人所得，自然人股东还需要就其取得的股利按"利息、股息、红利"所得再次缴纳"个人所得税"，这个也就是我们所俗称的税收上的"双重课征"。可见，区别于"自然人企业"，"法人企业"最大的特点就是企业和企业的股东被视为两个相对独立的个体。

设立企业是我们自然人从事商业经济活动的初始条件，而结合自身的需要来设立合适的企业类型更是我们迈向成功的第一步。

第 5 讲

会计分期假设：会计舞弊和
会计操纵的"温床"

"会计分期"同"会计主体""货币计量"以及"持续经营"一起，并称为会计核算的"四大假设"。会计假设（Accounting Hypothesis）也称为会计的前提，是指在特定的经济环境中，根据以往的会计实践和理论，对会计领域中尚未肯定的事项所做出的合乎情理的假说或设想。会计四大假设如图 5-1 所示。

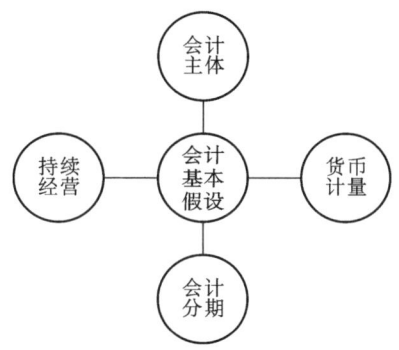

图 5-1　会计四大假设

如同很多会计学的基本原理一样，会计假设定义的表述显得晦涩难懂。通俗来说，会计假设就是先给会计核算设立一个理想化的环境。说到这里，我们不妨先来回顾一下，我们在学习物理学等自然科学的时候，很多定理其实都是建立在一定的理论假设基础之上的，比如著名的牛顿第一定理，其就是假设在世界上存在一个没有外力的真空环境，但是事实上，这个世界上并不存在这样一个理想化的环境。当然，人为设置假设的目的仅仅是为了排除不必要的干扰条件，从而方便我们对客观事物和现象展开研究。

一、会计分期假设

如同物理学等自然科学一样，会计核算本身也需要建立在一定的假设基础之上，这就是本讲开头所提到的"四大假设"。比如"持续经营"假设，其就是假定企业会永续经营下去，永远没有终止经营的一天。这时问题就来了，由于会计上假设企业永远没有"寿终正寝"的那一天，那么企业的会计人员又该如何核算企业在各个时点的财务状况和各个时期的经营成果呢？正是基于这样的会计核算需要，"会计分期"假设才应运而生。"会计分期"，顾名思义，就是人为地将企业"无限经营"的时空分割成一个个具体的会计核算期间，并对每一个会计期间分别进行会计核算。我国《企业会计准则》中就明确规定，我国企业财务年报的会计核算周期为每个公历年度的 1 月 1 日到 12 月 31 日。

在简单描述了"会计分期"假设的定义以后，我们就将回到这一讲的主题，为什么说"会计分期"假设是会计舞弊和会计操纵的"温床"呢？这里我们不妨先从"朝三暮四"这样一个故事说起。

"朝三暮四"说的是这样一个故事，有一个农场主养了一群猴子。有一天，农场主对猴子们说："从今天开始，我每天早上分给你们每人三颗栗子，晚上再分给你们每人四颗栗子"。这群猴子听了以后很不高兴，因为他们觉得，在这个分配方案下，早上比晚上少了一颗栗子。于是农场主又对猴子们说："那么每天早上我分给你们每人四颗栗子，晚上分给你们每人三颗栗子"，这群猴子一下子就觉得非常高兴，因为他们觉得这样会比原来的分配方案多一颗栗子。现实中我们当然会嘲笑这样一群猴子，因为无论哪种分配方案，每天的总量其实是保持不变的，都是七颗栗子。而"会计分期"假设的奥妙也正在于此，它能够让现实中的我们产生和这个故事中的那群猴子一样的错觉。

那么，究竟又是什么使得"会计分期"假设有如此的魔力能让我们产生这样的错觉呢？在之前篇章的讲解中，我们已经知道，企业最终的经营成果即利润是一个流量的概念，也就是说，"利润"所反映的是企业在一定时期所新创造的价值总量。问题就在于这个"一定时期"，如果我们能将这个"一定时期"拉得足够长，将企业从成立到结束经营的整个存续期间视为一个完整的会计期间，那么其总量一定是一个确定的值。但是，正是因为有了"会计分期"这个从潘多拉魔盒中释放出来的魔鬼，使得企业管理层可以按自身的需要或者意愿将利润在不同的会计期间进行"重新分配"，而这一操作也被冠以一个好听的名字——企业的"盈余管理"。这样，"会计分期"假设也摇身一变，一下子就成为了企业管理层手中可以随意切分经营业绩的卡尺。

通常，一家企业的管理层如果刚刚被授予期权且期权的价值是取决于以后期间企业的经营业绩，那么这时企业的管理层就有动机来想尽一切办法将本期的利润进行人为的压低，比如通过计提大量的资产减值准备、将原本应该资本化的支出项目提前进行费用化、延迟发放货物从而延后确认收入等方式，其这样做的目的无非就是尽可能隐藏部分本期利润，并将这部分在本期隐藏的利润在以后期间进行释放，从而达到管理层"做大"期权价值的目的。相反，对于本期有盈利要求的企业（一般为上市企业），其管理层就很可能会考虑通过虚增部分利润的会计操作方式，这样的操作方法一般与隐藏利润的方式反其道而行之，比如企业会转回部分以前期间计提的资产减值准备金、将本期应该费用化的支出项目进行资本化、提前发货从而提前确认收入等方式。可见，"会计分期"假设在这里其实是充当了管理层进行利润调节、平滑业绩的一个会计工具，"会计分期"假设也成为了滋生会计操纵和舞弊的温床。

二、会计分期舞弊案例

这里，我们不妨一起来回顾一个发生在2002年震惊美国资本市场的重大财务舞弊案件——世界通信公司财务舞弊案。

世界通信公司财务舞弊案件

世界通信公司成立于1983年，在爆发财务舞弊案以前，是美国第二大长途电信运营商。在2002年7月21日正式申请破产保护以前，世界通信公司的业务覆盖全球65个国家和地区，拥有85 000名雇员、控制的资产超过1 000亿美元、每年创造350亿美元的营业收入。同时，世界通信公司还是一家为2 000多万个人客户和数万家企业客户提供语音话务、数据传输以及因特网服务的超大型跨国公司。可是，就是这样一个庞然大物，在"东窗事发"以后，公然承认累计虚构了数十亿美元的会计利润。接下来，我们就将为大家一起来揭晓世界通信公司的会计舞弊手法。

1. 滥用准备金、冲销线路成本

由于世界通信公司是一家电信服务公司，所以其必然储备了大量的线路器材，这个器材本质上是世界通信公司的一项"存货"，有点类似于中国电信在给我们安装宽带时的需要用到的机顶盒，属于中国电信对外提供服务的一部分。那么世界通信公司又是怎么样通过"线路器材"为载体进行财务舞弊操作的呢？首先，世界通信公司在以前年度计提了大量的减值准备金，什么意思呢？比如，世界通信公司采购这些线路器材设备时的成本是 10 亿美元，但是到了 2000 年底，世界通信公司在财务报表中披露，由于市场价格下调，这批设备现在的市价只有 6 亿美元了，所以基于会计的谨慎性原则，需要对这批通信线路计提 4 亿美元的减值准备金，这部分减值准备金就是体现在世界通信公司 2000 年财报中的一项"损失"，会导致世界通信公司 2000 年财报的税前会计利润减少 4 亿美元。但是问题来了，在 2001 年度的财报中，世界通信公司又在没有根据的前提下对外宣称，由于线路器材的市价上涨，所以需要将以前计提的这部分损失金额在本期即 2001 年予以转回，也就是说，2001 年世界通信公司的财报的税前利润又因为这一项操作增加了 4 亿美元。虽然最后两期财报合并的结果影响为零，但是对于 2001 年度，企业的盈利确实因为这一个会计操作就增加了 4 亿美元。如果我们将 2001 年度和 2000 年度进行一个纵向的比较，仅就这一项操作，世界通信公司在 2001 年度的税前利润较之 2000 年度一共增加了 8 亿美元的盈利，这也必然向资本市场释放出世界通信公司经营业绩大幅增长的假象，而这其实就是"会计分期"的魔力。

2. 夸大资本化支出

在会计学上，支出可以分为两类即"资本化支出"和"费用化支出"（关于"资本化支出"和"费用化支出"会在以后的篇章中进行详细介绍），前者形成的是企业的一项资产，而后者形成的企业的当期费用，也就是说，前者并不直接影响当期的利润，因为其是需要在以后多个会计期间来摊销这部分支出即影响的是以后多个年度的利润；而后者形成的是费用，也就是说，其会直接影响世界通信公司当期即 2001 年的利润。在 2001 年度，世界通信公司将不应该资本化的线路维修成本费用进行资本化，并在以后多个年度慢慢摊销进入到利润表中，SEC 即美国证监会和司法部分查实的这类金额竟然高达 38.52 亿美元，什么意思呢？就是 2001 年世界通信公司的费用里面少了这 38.52 亿美元，因为这笔金额在 2001 年被塞进了世界通信公司的"资产"而非"费用"中，所以仅仅这一项会计操作就使世界通信公司在2001年的税前利润虚增了38.52亿美元。

也正是由于该财务舞弊案，美国许多主流媒体也将世界通信公司的英文缩写从原来的"world com"改为了"world con"（世界骗局），世界通信公司财务舞弊案甚至一度与2001年发生的安然公司财务舞弊案一起被视为美国资本市场上最大的财务舞弊案件之一。

人类文明的进程往往会验证这样一句话——历史总是惊人的相似。世界通信公司和安然公司的财务舞弊案刚刚在西方世界尘埃落定，我国境内A股市场上市企业"獐子岛"又在2014年爆发了类似的财务舞弊案件。

獐子岛财务舞弊案件

獐子岛原本是一个距离大连120千米的不知名小岛，这里盛产海参、鲍鱼、虾夷扇贝等高端海鲜。2006年9月28日，经过改制以后的"獐子岛集团股份有限公司"正式登陆A股中小板。从2006年到2011年，"獐子岛"的盈利一直处于一个上升的态势，到了2011年，"獐子岛"的盈利已经从2006年上市时的1.67亿元攀升到了4.98亿元。但是到了2012年，"獐子岛"的盈利能力急转直下，在2012和2013年，"獐子岛"对外公开的财务报表所报告的净利润分别只有1.05亿元和0.96亿元，到了2014年，"獐子岛"对外公布的财报显示当年发生了高达11.9亿元的巨额亏损，到了2015年，"獐子岛"对外公布的亏损为2.42亿元。"獐子岛"的解释是由于洋流导致天气变冷，海水中的扇贝游走了。可是，到了2016年，"獐子岛"又再次盈利，当年对外公布的盈利金额为0.79亿元，这又是怎么回事呢？原来在会计上，"獐子岛"的操作是采用营业成本和采捞面积直接挂钩的方式来虚减营业成本，说得通俗一点，就是让原来游走的扇贝又游回来了一些，仅这一项会计操作手法就让"獐子岛"在2016年的税前利润虚增了 1.3 亿元，也就是说，当年"獐子岛"实际的利润应该为 -0.5 亿元。

其实，像"獐子岛"这样的财务舞弊操作手法绝非个例，这背后其实与我国上市企业的相关监管制度息息相关。根据我国相关上市规则，凡在中国境内上市的企业，如果持续三个会计年度发生亏损，那么其将被要求强制退市，而连续两个会计年度亏损的上市企业会被监管机构强制冠以"ST"公司（special treatment）即需要"特别对待的企业"头衔。讲到这里，"獐子岛"这样的会计操作的背后动机也就是"司马昭之心——路人皆知"的事了，其在 2014 和 2015 年在财务报表中洗了个大澡，将 2016 年的亏损尽可能地转移到这两年，从而也为 2016 年最终的"扭亏为盈"奠定了基础。其实如果我们对"獐子岛"的经营业绩进行持续关注，就会发现到了 2017 年，"獐子岛"再次巨亏 7.22 亿元，这次"獐子岛"对外披露的原因是海底扇贝由于饵料短缺导致"营养不良"、品质越来越差。但在次年也就是 2018 年"獐子岛"又一次"咸鱼翻身"，实现盈利 0.32 亿元，而到了 2019 年，"獐子岛"故技重施，再次巨亏 3.99 亿元，这次"獐子岛"给出的理由是长期处于饥饿状态的扇贝又突然"暴毙"。通过让扇贝不断"离奇失踪死亡"以后"再次涅槃重生"，"獐子岛"也实现了其"从盈利的神坛跌下亏损的深渊，并从亏损的深渊触底反弹"这样一个"循环往复"的"宿命轮回"。正所谓"多行不义必自毙"，在 2018 年以后，证监会对"獐子岛"开始立案调查，并通过北斗定位数据最终揭露了"獐子岛"的财务造假真相，而证监会也在 2020 年 6 月 24 日正式对"獐子岛"的处罚进行发文。

当然，通过这两起中外财务舞弊案例的回顾，我们其实也可以对"会计分期"假设在会计舞弊和会计操纵上的强大威力有一个更为直观的认识和感受。

第6讲

货币计量：让会计从此成为一门"缺憾"的艺术

在上一讲中，我们和广大读者朋友们一起探讨了"会计分期"这个会计基本假设。本讲，我们将继续和大家就另一个有趣的会计假设——"货币计量"来展开讨论。

一、货币计量的概念

货币计量是指会计主体在会计确认、计量和报告时以货币进行计量，反映会计主体的生产经营活动。货币是商品的一般等价物，是衡量一般商品价值的共同尺度。会计作为一项反映企业资金运动的核算工作，其核算的度量衡即单位就是货币单元，这也是"货币计量"会计假设的由来，换言之，企业的经济业务可以进行财务会计核算的基本前提就是经济业务可以用确切的货币金额来进行衡量。比如，企业向其供应商采购了一批原材料，采购的金额为 100 万元，如图 6-1 所示。

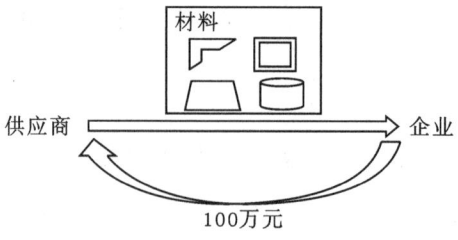

图 6-1 企业向供应商采购原材料

再比如，企业又向其客户销售了一批产品，销售金额为 200 万元，如图 6-2 所示。

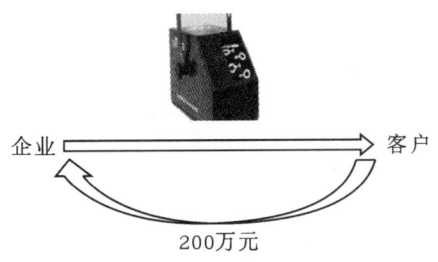

图 6-2 企业销售产品给客户

上述两笔经济业务都有一个明确的标的金额，分别是 100 万元和 200 万元，所以这两笔经济业务完全符合 "货币计量" 的会计假设要求，也就是说，这两笔经济业务都有明确的金额来作为编制会计分录、进行会计核算的依据。但是，在企业的日常经营活动中，可能还存在着这样一类经济业务。它们没有明确的标的金额，或者说，其交易金额是无法可靠获取的。比如，企业从政府处无偿取得了一项特许经营权，如图 6-3 所示。

图 6-3 企业从政府处无偿取得特许经营权

这里的 "无偿取得" 当然也是一项经济业务，只是这里的关键在于 "无偿"，也就是说，这笔交易压根就没有明确的标的金额。如果同时该特许经营权在交易市场上也没有明确的报价，那么对于这样的交易或事项，会计上是不是就真的无能为力了呢？或者说，对于这类交易，财务人员又应该怎样进行处理呢？在解答这个问题之前，我们要先和广大读者朋友来一起聊一聊账务处理的整个流程。

二、账务处理流程

会计账务处理的基本流程是"证—账—表"，这里的"证"指的是"原始凭证"和"记账凭证"，其中原始凭证（比如发票）是财务人员进行账务处理的直接依据；这里的"账"指的是"明细账"和"总账"；而这里的"表"指的其实就是会计核算工作的最终成果——"财务报表"。更确切地说，会计工作的最终成果应该是"财务报告"而不是"财务报表"，那么仅仅一字之差之下，两者又存在着什么区别呢？

"财务报表"指的就是我们常说的"四大报表"，分别是资产负债表、利润表、现金流量表和所有者权益变动表，而"财务报告"仅仅是在"财务报表"的基础上增加了一项内容即"财务报告附注"。一般而言，附注主要包含如下两项内容：

（1）对于四张报表中的各项数字所进行的解释性说明（比如对于"应收账款"这个项目，资产负债表中仅仅列示一个金额，而附注中则会详细披露其原值、减值准备金以及对应的账龄和债务人等诸多详细信息）；

（2）标的金额无法用货币可靠计量的重大交易或事项集中在财务报告的"附注"中来进行列报说明。

所以，"四大报表"和"附注"之间的关系其实可以用一言以概之，那就是我们常说的"表内确认，表外披露"，说得再通俗一些，就是可以货币计量的内容去看四张财务报表，不能就货币计量的内容去阅读财务报告的附注。

相信读到这里，广大读者朋友们都已经知道之前问题的答案了，那就是对于无法货币计量的经济业务，企业也是需要进行账务处理的，只不过对于这样的经济业务，其是反映在财务报告的"附注"当中而非"四大报表"当中。

三、货币计量的局限性

相信有读者朋友会有这样的疑问，既然财务报表附注已经能够解决不能"货币计量"的经济业务的列报问题，那么为什么还要说会计是一门"缺憾"的艺术呢？这里，我们不妨先回避一下这个问题，先来思考另外一个问题，"财务报告"的使用者究竟会是谁？答案无非是企业的股东、贷款银行以及对企业感兴趣的潜在投资者等，这些人之所以需要使用企业的财务报告，无非是想知道，企业的盈利能力以及财务状况等重要财务信息，从而做出是否对该企业发放贷款或者进行投资等一系列经济决策，而这里的盈利能力以及财务状况恰恰都是通过企业的净资产收益率、资产负债率这些财务指标来体现的。这样的话问题就来了，不能在表内进行确认的经济交易和事项是否会影响到这些比率的计算呢？答案显然是肯定的。我们这里就以企业的"资产负债率"这个指标来举例，资产负债率的计算公式如下所示：

$$资产负债率 = \frac{负债总额}{资产总额}$$

我们在这里还是沿用之前的举例，政府向企业所无偿授予的特许经营权在本质上当然是属于企业的一项资产，但是由于金额无法可靠计量所以没有能出现在企业的资产负债表中，这样的结果必然会导致企业资产负债表上的资产金额要比实际金额来得小。同时，从上面资产负债率的计算公式中，我们可以得出这样的结论：企业由于存在无法入账的"资产"，这样必然会导致计算得到的资产负债率这个财务指标比实际的高，从而也很可能会导致银行因为企业的资产负债率这个指标"偏高"而错误地评判企业的授信风险偏高从而拒绝企业的贷款要求，这也就是"货币计量"所带来的局限性。可见，因为"货币计量"，会计成为了一门缺憾的艺术。

商业文明的核心是经济交易。在商业文明的早期，交易方式一般都是传统的现金交易方式，这些交易大多伴随着明确的标的金额，也就是说，在商业文明的早期阶段，"货币计量"的局限性并不是那样凸显，因为绝大部分的交易几乎都采用货币作为单一的媒介。相反，由于"货币计量"更能反映每一笔经济交易的真实客观性，所以这也是"货币计量"能够成为会计核算假设的重要历史渊源。

然而，随着商业文明和人类社会的不断进步和发展，在商业文明已经高度发达的今天，很多市场行为的客体已经从有形的商品转为无形的智力成果和特许经营权等诸多无形资产。除了市场行为的客体，其交易的方式也正在发生着革命性的变化，比如本讲一开始中的那个举例——政府无偿授予企业一项特许经营权。当然，除了政府的无偿赠予，很多交易也并不再需要"货币"来作为单一的媒介，而"无偿赠予"仅仅是其中一种，"资源互换"以及"互惠互利"这样的双边或者多边合作会不会在以后崛起成为市场主体间的主要交易方式都未可知。当然，这里所说的很多交易都不再需要"货币"来作为单一的交易媒介并不意味着市场交易的主体已经从我国的央行——中国人民银行手中夺过了货币发行权，恰恰相反，这其实是从另一个侧面印证了今天人类商业文明的空前繁荣。

四、"货币计量"所引发的思考

正如楚留香说得那样"凡事有其利也必有其弊"，商业文明的空前繁荣很可能意味着"货币计量"会在以后的会计实务中变得越来越难，未来也会有越来越多的"东西"无法直接装进企业的"财务报表"中，也就是说，"四大报表"上所反映的企业财务信息很可能会变得越来越有限。那么，在这样的大背景下，"四大报表"会不会变得不再重要？会计是否也会因此发生颠覆性的改革和变化呢？

以上这些问题显然需要留给学术界去思考，但是对于我们普通的财务人员或者财务报告使用者又会产生什么样的影响呢？依笔者个人愚见，那就是陆游诗里面的一句话——"功夫在诗外"。什么意思呢？就是我们不能再仅仅局限于通过一家企业的财务报表来了解一家企业，除了需要阅读财务报表的附注，我们还需要对企业的商业模式、经营环境和管理团队有一个深入的了解，就像医生看病不能只局限于患者的体检报告，还需要对患者进行"望闻问切"一样，实地走访以及阅读分析师的评估报告等可能比仅仅盯住财务报表上那些冷冰冰的数字更为可靠。当然，笔者在这里并不是宣传财务报表无用论，而是想要告诉广大读者朋友，如果要想对一家企业做出最客观的评价，就需要分别从不同的来源来获取和挖掘信息，正所谓"读万卷书还需行万里路，行万里路还需阅人无数"。

第7讲

"负债"还是"权益"?

在之前篇幅的讲解中，我们已经知道，"负债"和"权益"（这里指"所有者权益"）都是企业的资金来源，前者是企业从其债权人处所取得的资金来源，企业的债权人一般包括企业的供应商、贷款银行以及企业的职工等，通俗地说，企业的债权人就是企业的"债主"；而后者则是企业从其所有者即股东处取得的资金来源，主要包含企业的股东向企业所投入的投资款以及留存在企业尚未对股东进行分配的利润。

随着资本市场的不断发展，企业筹资方式呈现出日益多样化和复杂化的趋势，有时财务人员可能已经很难辨别出一项资金来源所形成的究竟是企业的"负债"还是"权益"。本讲，我们就和广大读者朋友们一起来聊一聊"债务"和"权益"各自的特征以及区别，也只有对两者的内涵以及外延有一个深刻的认识，才能有助于我们对两者进行一个准确的识别和划分。

一、"负债"和"权益"的区别

无论是"负债"还是"权益"，如果站在资金提供方的角度看，两者体现的都是企业的资金提供方的一项权益。只不过"负债"所代表的是企业的债权人的权益，而"所有者权益"所代表的是企业的所有者即企业股东的权益，这也是为什么在会计中，"资产＝负债＋所有者权益"这样一个静态恒等式，还有另一个表达方式即"资产＝权益"。"负债"和"权益"这两者虽然统称为权益，但是其权益享有人即企业的债权人和股东各自所承担的风险却是截然不同的，而两者中各自所蕴含的"风险"也正是我们区分两者的直接依据。

首先，我们需要了解在财务中，"风险"一词所对应的含义究竟是什么？在财务学的范畴里面，风险意味着"不确定性"。那么这里的"不确定性"又具体是指什么的"不确定性"呢？其实，这里的"不确定性"主要体现在权益人（包括债权人和股东）在回收企业资金时的"回收金额"以及"回收时间"这两个层面上。

通常，企业主要的债权人为向企业提供贷款的银行等金融机构或为企业提供存货物资和设备的供应商。这里我们就以"银行"这个债权人为例，其向企业收回资金的方式是一般是"还本付息"，其最大的特点就是还款时间固定且金额固定（一般在借款协议中会明确约定），所以对于"债务"而言，其最大的特点就是回收金额以及时间上的"确定性"。

企业的股东则是持有企业的股权的个人或单位。股东对企业既拥有一定的权利，同时也承担一定的义务。企业股东的收益与企业的发展密切相关，其向企业收回投入资金即取得投资回报的方式主要有两种：①企业的股利分红；②企业清算时的"剩余资产"。很显然，较之于企业的债权人，这样的投资回报方式无论是在金额还是时间上都具有很大的"不确定性"，因为企业的股东能否取得分红以及取得分红的时间、清算时所能分配得到的剩余资产都完全取决于企业未来的经营状况，也就是说，对于企业的股东，其在享受企业更高投资回报的同时也承担着较之于企业的债权人更高的"风险"，即不确定性。股东所享有的这部分超出"债权人"的投资回报也对应着一个专业术语——"风险溢价"，就是股东因为比债权人承担额外的风险所需要获得的风险补偿。

二、"负债"以及"权益"的区分举例

经过上面的讲解，下面我们就通过个人贷款购置房屋的例子来和广大读者朋友一起聊一聊债权人和股东的收益区别。我们现在假设某人为购买一套价值 100 万元的房产向银行申请了 70 万元的住房贷款，自己则一次性支付了 30 万元的房屋首付款。

在这个案例中，银行是一个非常典型的债权人的角色，贷款购房者需要每个月按时（体现了时间上的"确定性"）向银行归还固定金额（体现了金额上的"确定性"）的贷款，其中包括利息和本金，直到最后全部还清。购房者则是房屋的所有者，其享有在房子未来使用、出租或出售的决定权，而房屋出租所获得的租金以及未来价值上涨的红利也会全部归属于房屋的所有者即购房者，也就是说，购房者独自享有该房屋上所产生的一切权益。当然，房屋的所有者也需要独自承担未来房屋租金以及价值可能下跌的风险。购买房屋中的债权人和所有者的角色如图7-1 所示。

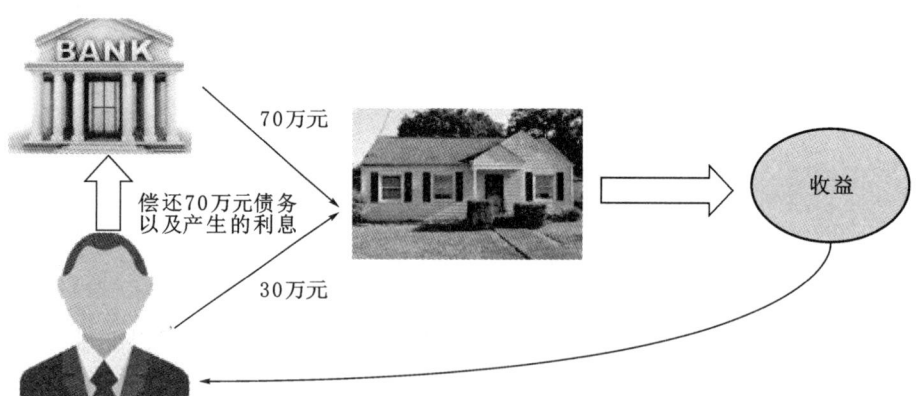

图 7-1　购买房屋中的债权人和所有者关系图解

可见，较之于这里的债权人即银行确定的投资回报，房屋权益的所有人即购房者在享有高于贷款银行投资回报的同时也需要承担比贷款银行更高的投资风险，这里区分两者风险"高低"的标志正是投资回报的风险，即投资回报在"金额"以及"时间"上是否具有"确定性"。

当然，在贷款买房这样一个案例中，"债权人"以及"股东"，"负债"以及"权益"相对比较容易区分，但是对于一些特殊经济业务，要做到准确区分两者却并非一件十分容易的事。比如，一些大型企业可能会对员工（通常是企业的高级管理人员）进行股权激励，什么意思呢？就是用企业的股份来代替现金作为薪酬发放给雇员。其中既可能是具有"权益工具"的股份支付，也有可能是"金融负债"的股份支付，也就是说，企业所发放的这部分股份既可能形成的是企业的一项"负债"，也可能形成的是企业的一项"所有者权益"。如何准确区分一项"股份支付"业务究竟形成的是企业的"负债"还是"所有者权益"，还是需要我们从"负债"以及"权益"的本质特征来入手——"金额"是否固定以及"支付时间"是否确定。

如果企业在将来需要按一个固定金额来向员工派发股票，员工可以直接将这部分股票兑换为等值的货币，那么这种情况下的"股票"当然不再是企业的"权益"，而仅仅是一项"负债"，因为企业的员工并不承担企业经营上的任何不确定性，这里的股票其实仅仅是企业支付的媒介；但是如果企业给员工的股份是固定数量的股票，每股的价格会随着股票市场的波动而变化，也就是说，股票在未来可能上涨也有可能下跌，这些风险都是需要由获得这些股票的员工自己来承担的。那么这种"股份支付"的形式就真正属于一项"权益"转让，因为这时雇员就真正成为了企业的股东，需要共同来承担企业经营上的不确定性所带来的风险。

当然，除了"股份支付"这样一个举例，对于"优先股"究竟是"股"还是"债"的判定依据其实也同样是"金额是否固定以及支付时间是否确定"。

三、"负债"和"权益"的清偿顺序

除了资金回收在时间以及金额上是否存在"确定性"是区分"负债"以及"权益"的依据，"负债"和"权益"在最终清偿顺序上也存在着一个排序。通常而言，"负债"的清偿顺序要优先于"权益"的清偿顺序，所以，债权人所享有的权益又被称为"优先受偿权"，而股东所享有的权益也被称为"剩余求偿权"。

这里，我们还是沿袭上文中的购置房屋来进行举例。假设现在房屋所有人决定将房屋进行处置，这时当初购房的贷款中尚有 50 万元没有归还，那么在房屋处置以后，房屋的所有者必须先将 50 万元的贷款予以归还，之后剩余的处置价款才能归属于房屋的所有者，所以，"所有者权益"在很多时候也被称为"净资产"，这里的"净资产"指的其实就是"资产"扣除"负债"以后的"剩余资产"。可见，这里的清偿顺序其实也是债务以及权益所对应的"风险"高低在另一个维度上面的体现。

承第一讲，我们一直说会计是一门"分类"的艺术，但是如何做到准确分类除了是一门"艺术"，也需要我们具备专业的判断能力和相关财务知识储备。笔者在此也希望通过本篇幅的讲解能帮助广大读者对"负债"以及"权益"这两个重要的会计概念有一个基础的认识，并在以后的实务中加以运用，做到对于两者的准确区分。

第8讲

"规则" 还是"臆断"：会计政策与会计估计的"分水岭"

"会计政策"与"会计估计"并非整个会计学习中的一个重点，但是要做到准确区分一项会计处理方法究竟属于会计政策还是会计估计却也并非一件容易的事情。本讲，我们将从会计政策和会计估计的定义出发，和广大读者朋友们一起来讨论辨别两者的简单而又行之有效的方法，并针对两者的会计处理以及例外事项进行一个简单的阐述。

一、会计政策

我国著名会计学思想家杨时展先生曾对会计做过这样的定义：会计是一个以认定受托责任为目的，以决策为手段对一个实体的经济事项按货币计量及公认原则与标准，进行分类、记录、汇总、传达的控制系统。这里面的决策就是根据会计政策来进行的。会计政策是指企业在会计确认、计量和列报中所采用的原则、基础和会计处理方法。

从上面的定义中，我们不难发现，会计政策是为了对会计要素进行确认、计量和列报，那么究竟这里的"确认、计量和报告"具体又指什么呢？

"确认"是会计核算的第一步，说得具体一点，就是登记入账这个动作。

比如，我们通过赊销的方式销售了一批货物给客户，那么我们这里就要对该交易登记入账，分别确认"应收账款"和"主营业务收入"等会计科目，这里将"应收账款"和"主营业务收入"登记入账的这个动作就是"确认"。

"计量"指的是经过确认的会计科目需要具体记入多少金额的会计核算环节，也就是之前所提及的赊销业务中的"应收账款"和"主营业务收入"各自需要登记多少金额入账。由于会计核算的重要特点之一就是"货币计量"，如果没有具体金额，会计人员是无法对经济业务登记入账即无法对会计要素进行"计量"的。

"列报"指的则是编制财务报告的整个过程，会计核算的最终产品是财务报告。我们还是回到赊销这样一笔交易，假设该笔交易的标的金额是100万元，会计人员对于该笔交易会分别确认100万元的"应收账款"和100万元的"主营业务收入"。但是，在编制财务报告时，资产负债表中"应收账款"的金额可能并不是100万元，因为资产负债表中的"应收账款"的金额还需要减去"坏账准备"这个科目的金额。当然，企业编制财务报告的过程并不仅仅局限于填列报表中各个项目的金额数字，还包含报表格式的编排以及其他文字性说明的描述等内容。这里我们还是以"应收账款"这个项目来举例，企业除了需要在资产负债表中填列"应收账款"这个项目的金额，还需要在财务报告的"附注"中分别披露"应收账款"的原值、坏账准备金额、账龄以及应收账款所对应的相关债务人等财务以及非财务信息，这当然也是企业的"列报"过程，所以，"列报"是专门指怎样编制财务报告，并如何以一种恰当的方式呈现在财务报告使用者面前的这样一个过程。

"确认""计量"和"列报"共同组成了整个会计核算的全过程，其逻辑顺序如图8-1所示。

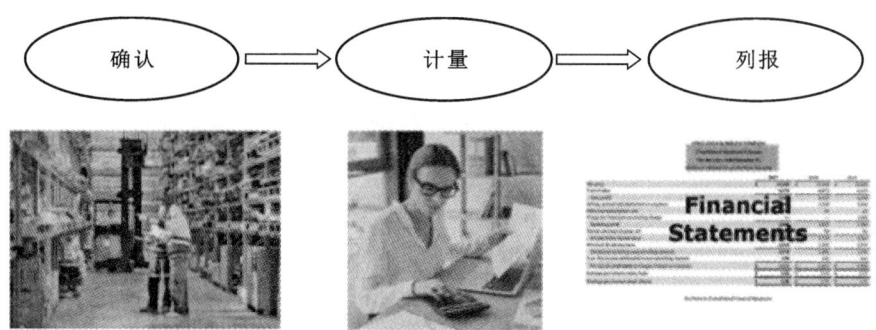

图 8-1　会计确认、计量和列报的图解

从会计政策的定义中，我们可以得知会计政策的本质是整个会计账务处理过程所采用的一系列的规则和方法，而规则和方法所带来的必然是一个确定性的结果，也就是说，任何人按照既定的规则和方法进行会计处理，都会得出一致的结果，这就是"唯一性"。这就像"1＋1"在任何情况下都只能等于 2，在实务中我们绝不允许存在赵本山的小品《卖拐》中那样"1＋1 在算错的情况下等于 3"这样的解释。那么，这里的规则和方法具体又是指什么呢？这里的"规则和方法"一般指的是《中华人民共和国会计法》以及我国财政部所制定的《企业会计准则》。

二、会计估计

会计估计是指企业对结果不确定的交易或者事项以及最近可利用的信息为基础所作出的判断。从会计估计的定义中，我们其实已经可以找到其与会计政策最为本质的区别，就是会计估计不存在"唯一性"。比如，按照《企业会计准则》，我们需要在每个会计期末来对应收款项计提坏账准备金额，这是一个典型的会计估计事项，因为这里并没有一个确定性的结果，如同"一千个不同的人眼中有一千个不同的哈姆雷特"，不同的人可以就同一个判断事项作出不同的判断结果，因为最终的确定性只有等到实际发生坏账的那一刻才会出现，也就是说，不同的财务人员所计提的坏账准备金额可以各不相同。同样，对于会计估计，其也并不像会计政策那样有一个明确的规则即《企业会计准则》来对其进行约束。

可见，对于一个会计事项究竟属于会计政策还是会计估计变更，其是否具有"唯一性"是最为重要甚至是唯一的判断依据，更通俗地来说，"会计政策"是由一系列的规则所堆砌而成的，而"会计估计"则是人为的主观臆断。"规则"还是"臆断"，这是"会计政策"和"会计估计"的"分水岭"。

三、例外情形

承上文所述，区分会计政策和会计估计的重要标志是：结论是否存在一个"确定性"。当然，这里其实还有一个例外，那就是固定资产的折旧。根据《企业会计准则》，影响固定资产折旧的因素主要包括：

(1) 折旧方法的选择；
(2) 折旧年限；
(3) 净残值的预测。

很显然，这里的第（1）项其实是一个确定性的因素，因为只要其他两项一经确定，那么不同的人在同样的折旧方法下所计算得到的折旧金额应该都是完全一致的，但是这里的第（2）和第（3）项则属于具有不确定性的因素，因为不同的人完全可以得出不同的结论。比如，同样是对于一台电脑的使用年限，如果是一个"朝九晚五"的上班族，其对于该电脑的预期使用年限的评估结果肯定要比一个长期"996"的创业者的评估结果来得更长。

在 US. GAAP 即美国通用会计准则下，对于固定资产的折旧方法被定义为一项会计政策，但是对于折旧年限以及预计净残值，美国通用会计准则则是将其定义为会计估计的范畴。但是，在我国的《企业会计准则》中，这三者都被定义为会计估计的范畴，笔者在这里其实更偏向于美国通用会计准则对于折旧分类的界定。当然笔者在这里并没有掺杂任何民族主义的情感，之所以做出这样的评判完全是因为美国通用会计准则下的分类其实更符合会计政策和会计估计的原始定义。

四、会计变更的处理方法

我们知道，我们生活在一个不断变化的世界中，正如那句名言所说的那样——"这个世界上唯一不变的就是变化本身"。企业所选用的会计政策和所进行的会计估计也会因为政策本身的改变或者环境的改变而需要进行相应的调整。对于会计政策变更和会计估计的变更，其也分别适用不同的会计处理方法。

对于会计政策变更，其一般适用"追溯调整法"。就是将过去的会计核算结果予以推翻，按新的会计政策对之前的经济事项或交易重新进行会计处理，说得再通俗一点，就是将过去做的账归零，然后按新的方法重新再做一遍。

对于会计估计变更和一部分会计政策变更，其一般适用"未来适用法"。"未来适用法"与"追溯调整法"截然相反，其并不需要将过去的会计核算结果予以推翻，说得通俗一点，就是对过去的经济交易或事项"既往不咎"，企业无须理会过去所做的账，只需要在以后按新的会计政策或会计估计结果来进行账务处理即可。

五、会计变更处理方法的例外情形

在实务中，有一部分会计政策变更也适用"未来适用法"而非"追溯调整法"。比如，我们之前所提及的固定资产的折旧问题，无论是在美国的通用会计准则还是我国的《企业会计准则》下，对于固定资产的折旧变更，无论是由于折旧方法所引起的变更，还是由于折旧年限或预计净残值所引起的变更，其都是采用未来适用法而非追溯调整法进行会计调整。在这一点上，中西方的会计理论界还是保持着高度的一致性。

当然，除了固定资产的折旧问题，对于一些无法或者很难进行追溯调整的会计政策变更（比如对于发出存货所采用的计价方法的改变），其也适用于"未来适用法"而非"追溯调整法"。

第9讲

眼见为虚：实质重于形式

在生活中，我们经常会说这样一句话——"耳听为虚，眼见为实"，也就是说，只有亲眼所见的东西才是真的，因为我们相信我们的眼睛不会欺骗我们。这句成语的本意是希望我们不要轻易相信"道听途说"，但是，本讲我们就要告诉大家我们的眼睛其实和耳朵一样，也会"欺骗"我们，眼见也未必为实，眼见也可能为虚。

一、实质重于形式

在开始本讲的正式讲解以前，我们先回到本讲的副标题——"实质重于形式"，相信学过会计学的读者朋友对于"实质重于形式"一定不会感到陌生，它其实是会计信息质量要求之一，更确切地说，应该是"经济实质重于法律形式"，那么这句话的具体含义究竟是什么意思呢？或者说，"经济实质"和"法律形式"分别代表什么含义呢？

会计是商业经济下所诞生的产物，商业经济的核心是市场交易，这里的"经济实质"其实主要指的就是市场交易的本质或者内涵，说得再通俗一点，就是具体指什么样的交易，是买卖、租赁还是其他的市场交易行为；这里的"法律形式"其实就是指为市场交易所订立的合同或者协议，比如买卖合同和租赁合同。

通常情形下，商业交易和商业合同是保持一致的，但是随着市场交易的日趋复杂，市场交易的本质可能已经背离了交易双方所订立的合同，或者说，我们肉眼所能看到的"法律形式"有别于"经济之实"。那么这个时候，我们就不能再相信我们的肉眼，而是需要挖掘经济交易之"实"，并以经济交易之"实"来作为对该交易的会计处理的依据，这也就是所谓的"实质重于形式"，其中最为典型的就是"融资租赁"和"售后回租"这两项市场交易业务。

二、融资租赁

我们首先来谈一谈"融资租赁"这项业务。相信对于广大读者而言，"租赁"其实并不陌生，这也是我们日常生活中经常发生的经济业务。比如，"北漂一族"到了北京以后的第一件事就是寻找房屋中介给自己租下一间住房，然后才能开始在北京追寻自己的梦想；企业在正式展开经营之前也需要租赁办公楼以及各种生产经营和办公设备等。可是，这些普通的租赁交易与"融资租赁"业务究竟有什么样的区别呢？要想搞清楚这个问题，我们还是先来聊一聊"买卖"和"租赁"业务的区别。

从法律的角度而言，"买卖"和"租赁"的交易标的不同，对于"买卖"，交易中所出让的是房屋、设备等交易标的物的"所有权"，只要一方付了钱物权就归其所有；而"租赁"所出让的仅仅是交易对象在一定时期的"使用权"，也就是我们所俗称的"借"，而标的物的"所有权"在整个交易过程中并没有发生转让，约定的时间一到东西需要"物归原主"，所以，交易标的物的"所有权"是否发生了转移其实是区分"买卖"和"租赁"这两项市场交易行为的重要甚至是唯一的依据。

在简单描述了"租赁"和"买卖"的交易实质以后，我们再回到"融资租赁"这项经济业务上来。"融资租赁"其实是西方市场经济的舶来品，在欧美等成熟市场已经十分普遍，在 20 世纪末，"融资租赁"才漂洋过海来到我国，所以相对于欧美市场而言，"融资租赁"在我国还是一个新兴物种，甚至于在 2006 年我国新的《企业会计准则》颁布以前，我国的会计领域对于"融资租赁"的研究也几乎是一穷二白。

那么，"融资租赁"究竟是一项什么业务呢？假设您现在是 A 公司的 CFO，A 公司现在亟需添置一台专业化程度很高的机器设备用于生产经营，预计使用期是 10 年。但是该设备的购置金额高达 1 000 万元，公司目前可以动用的资金远远不够。在这种情形下，您可能想到的方法有两种，一种是直接向银行贷款来购置该设备，还有一种就是去租赁市场上租赁该设备。如果我们选择前者，银行可能会由于各种原因最终不发放这样一笔贷款；如果我们选择后者，那么问题又来了，由于该设备并不是一台普通的机器设备而是专业化程度很高的机器设备，所以一般租赁市场上很少有这样的设备可供出租。那么这时作为 CFO 的你又该怎么办？"融资租赁"其实就是在这种环境下的金融创新，专业的"融资租赁"公司其实就是银行和租赁公司的结合体。

我们不妨还是回到这个问题，A 公司现在需要这样一台设备，由于资金不足向银行进行贷款，但是由于贷款条件无法达到银行的要求所以最终导致贷款没能获得批准，租赁市场上又没有这样的设备可供租赁。那么这时，A 公司就可以采用"融资租赁"的方式来取得设备。首先，A 公司需要找到一家融资租赁公司 B。A 公司和 B 公司在合同中一般会这样来进行约定：由 B 公司一次性支付 1 000 万元购入 A 公司所需要的设备，并以每年 120 万元的金额租给 A 公司，租赁期约定为 10 年。这里，由于整个租赁期间设备的所有权没有发生转移即设备始终是属于 B 公司的，所以在"法律形式"上，这是一份"租赁"合同而非"买卖"合同。

但是我们回到交易的本质就会发现，10 年以后，当 A 公司将该设备归还给 B 公司的时候，其经济价值已经耗用殆尽，也就是说，B 公司作为该设备的所有权人并没有从实际使用设备中获得任何收益，反而是承租人 A 公司获得了该设备全部的使用价值，所以，这笔交易的经济实质并不是简单的租赁，而是 A 公司向 B 公司分期付款购买设备，而 B 公司则是采用分期收款的方式向 A 公司来销售设备。说得更为直白一些，B 公司在该经济业务中其实是充当了银行的角色，出资将 A 公司所需要的设备买回来给 A 公司使用，并以"租金"的形式收回"借款"的全部本金（即最初该设备的购买款项 1 000 万元）以及利息（全部租金之和大于最初该设备的购买款项的那部分差额），比如，我们举例中的 200 万元（120×10 − 1 000）。

读到这里，我们应该不再难理解了，对于"融资租赁"业务，其法律形式虽然是一纸"租赁"合约，但是其经济实质却是分期付款买卖租赁物。融资租赁经济实质图解如图 9-1 所示。

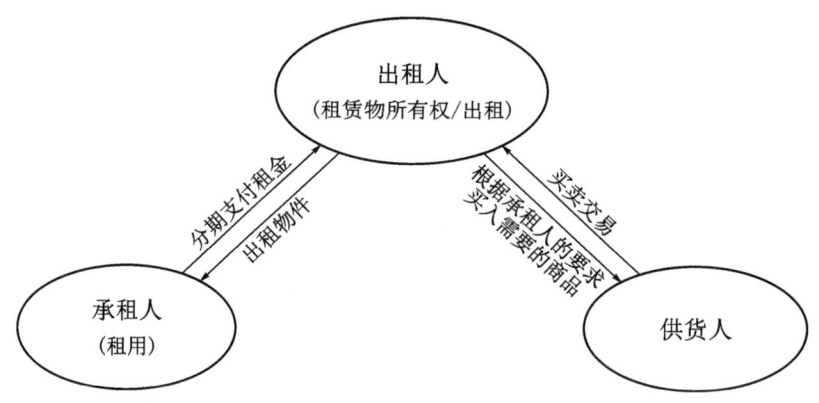

图 9-1 "融资租赁"经济实质图解

当然，可能会有读者朋友存在这样一个问题，我们究竟如何来判断一项租赁业务到底是一般的租赁业务还是"融资租赁"业务呢？其实，我国的《企业会计准则》里就明确规定了"融资租赁"的判断标准也就是"交易实质"，分别有：

（1）在租赁期届满时，租赁资产的所有权转移给承租人。比如，在之前的举例中，如果 A 公司和 B 公司在合同中明确约定，10 年以后也就是 A 公司支付完最后一笔租金以后，设备就归 A 公司所有而无须归还给 B 公司，那么这时我们就可以将其判定为一项融资租赁业务。

（2）承租人有购买租赁资产的选择权，所订立的购买价款预计将远低于行使选择权时租赁资产的公允价值。比如，A 公司和 B 公司在合同中约定，10 年以后租赁期结束，A 公司可以以 1 元的价格买下该设备。即使 10 年以后该设备沦为废铁烂铁，其价值通常也会远远大于 1 元，也就是说，我们有理由相信 A 公司 10 年以后会行使购买的选择权将该租赁设备买下，那么这个时候，我们也可以将这个合同判定为一项融资租赁合同。

（3）资产的所有权虽然不转移，但是租赁期占租赁资产使用寿命的大部分，这里的大部分一般指 75% 以及 75% 以上。比如，A 公司向 B 公司租入的设备的使用寿命预期是 12 年，而 A 公司承租了其中的 10 年，也就是说，合同租赁期已经占到了全部使用寿命的 83.33%（10÷12×100%），所以，这时我们也可以将其判定为一项融资租赁合同。

（4）在租赁开始日，租赁收款额的现值几乎相当于（一般为大于或等于 90%）租赁资产的公允价值。这里的现值指的是各期租金即每年 120 万的租金的折现价值（关于现值的概念将会在以后章节详细介绍，这里不做赘述），而这里的租赁资产的公允价值其实就是公司购买该租赁设备时的买价。如果我们假设租金的现值金额为 950 万元，其相当于租赁资产公允价值的 95%（950÷1 000×100% ＝ 95%）即大于 90%，所以，这时我们也可以将其判定为一项融资租赁合同。

（5）租赁资产性质特殊，如果不做较大改动，只能由承租人使用。这里的意思其实就是说如果这台设备是为 A 公司量身定做的，那么这样的交易也可以判定为一项融资租赁合同。

在和读者朋友们一起分享了"融资租赁"的经济实质以后，我们再来看看承租人 A 公司和出租人 B 公司分别是如何进行账务处理的。正如本讲的题目——"实质重于形式"，账务处理的依据是经济实质而非法律形式，所以对于出租人 B 公司，由于其并不是真正意义上的"出租方"而是"贷款方"，所以其在会计上也不是确认"租金收入"而是确认"利息收入"；同样，对于承租人 A 公司，由于其不是真正意义上的"承租方"而是"借款方"和"购买方"，所以其除了在租赁当天确认"固定资产"即该设备的同时还需要确认一笔"长期应付款"，并在以后支付租金的时候也不是确认"租金费用"而是一笔"利息费用"。

三、售后回租

在聊完了"融资租赁"业务以后，接着我们再来看看"售后回租"这项业务。假设您还是 A 公司的 CFO，现在企业需要一笔流动资金用于生产经营的周转，那么这个时候您能想到的融资渠道有哪些呢？最传统的自然还是向银行借款，但是银行借款的门槛可能相对较高，在股票市场上筹资可能仅仅适用于一些"高大上"的上市企业等。也就是说，这两条路对于大部分的企业可能都行不通，那么可能只剩下最后一条路——变卖企业的资产。可是，这里的问题在于如果企业的资产本身不值钱，那么即使挂牌出售的结果很可能落得一个无人问津的下场，而值钱的资产往往又都是企业的核心资产，也就是说，卖了可能连企业的正常运作都无法维持。但是"天无绝人之路"，只要坚信"方法永远比困难多"就一定会找到出路，"售后回租"这个金融工具也正是在这样一个大背景下的一个制度创新。

现在，我们假设 A 公司的核心资产是一台价值 1 000 万元的设备，可以使用 10 年。这时 A 公司找来 C 公司，双方先签订了一份买卖合同，就是将设备以 1 000 万元的价格出售给 C 公司，然后马上再签订一份租赁合同，A 公司再从 C 公司手中将该设备租回来，租赁期 10 年，每年租金 120 万元。相信广大读者朋友们读到这里已经能明白，这里的"法律形式"虽然是"先买卖，后租赁"，因为 A 公司已经将设备的所有权转移给了 C 公司，同时又将设备租回，但是其"经济实质"是 A 公司向 C 公司进行"抵押贷款"，这里的抵押物其实就是这台设备，所以在整个交易过程中，设备并没有发生任何物理形态上的改变。

同样，基于"实质重于形式"的会计记账原则，在账务处理上，A 公司也不会分别确认设备的"销售收入"和"租金费用"，而是在收到 1 000 万元的"销售款项"的当天确认一笔"长期应付款"，并在以后支付租金的时候确认"利息费用"；而对于 C 公司，其也不会因为"购买"了设备而确认"固定资产"，因为"出租"设备而确认"租金收入"，其是在"购买"设备的当天确认一笔债权即对 A 公司的"长期应收款"，并在以后各期收到租金的时候再确认一笔"利息收入"。所以，对于"售后回租"业务，其法律形式虽然是"销售资产"以及"租赁资产"，但是其经济实质是合约中的"销售方"兼"承租方"的 A 公司以自身的资产为抵押，向"购买方"兼"出租方"的 B 公司进行贷款。售后回租的经济实质如图9-2所示。

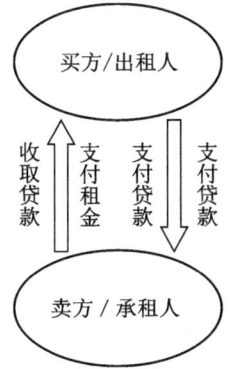

图 9-2 "售后回租"经济实质图解

最后，我们不妨再来比较一下"融资租赁"和"售后回租"业务的异同，两者的经济实质虽然都是企业进行融资的金融工具，但是对于"融资租赁"，企业"醉翁之意不在酒而在于租赁物"，也就是说，A公司的终极目标是取得租赁标的物即设备用于生产经营；而对于"售后回租"，企业"醉翁之意不在酒而在于钱"就是设备款，也就是说，A公司的终极目标是取得用于生产经营活动的流动资金。

四、实质重于形式的现实意义

今天，我们生活在一个日新月异的年代，创新是这个时代的主旋律。创新其实并不仅仅局限于科学技术领域的创新，商业模式的创新也在深刻影响着今天的经济社会。"透过现象看本质"是这个时代对于我们的要求，仅仅依靠肉眼并不足以发现事物的庐山真面目，因为肉眼只能看到表象，唯有"思考才能洞察本质"。

第二篇

会计实务精讲

第 10 讲

怎样编制银行存款余额调节表：
换位思考

在整个会计实务工作中，出纳实务是最为基础的实务工作。相信从事过出纳的读者朋友对于银行存款余额调节表一定不会陌生，这个是每个月月末出纳人员所必须完成的基础工作，也是很考验一个出纳人员的基础功底的实务工作。

虽然编制银行存款余额调节表并不是十分复杂的工作，但是工作量一大就很容易出错，有时财务人员为了一笔账的调整甚至需要花费大量的时间和精力，其实这很可能是因为财务人员并没有把握其中的奥秘。本讲，我们就将和广大读者朋友一起来讨论如何准确而又高效地编制银行存款余额调节表。

一、银行存款余额调节表的编制原理

在日常生活中，我们常说这样一句话，"凡事都要换位思考"，翻译成英语是"put yourself in others' shoes"，直译过来就是：穿上他人的鞋子也就是站在他人的立场上进行思考。在这里，中西方的文化都要求我们站在他人的角度和立场上来看待问题，不要总是从自身的角度和立场出发，这当然是我们在社会生活中的一种处世哲学。

其实不仅仅是在人际交往过程中需要"换位思考"，在编制银行存款余额调节表时，我们也需要"换位思考"。那么，这里的"换位思考"是"谁"和"谁"进行换位，又该怎样进行思考呢？在正式回答这个问题以前，我们不妨先一起来看一下银行存款余额调节表的格式以及内容。银行存款余额调节表的格式如表 10-1 所示。

表 10-1　银行存款余额调节表

银行存款余额调节表				
××××银行　　　　××××年××月××日				
项目	金额	项目		金额
企业银行存款日记账余额		银行对账单金额		
序号　银行已收，企业未收（加）		序号　企业已收，银行未收（加）		
序号　银行已付，企业未付（减）		序号　企业已付，银行未付（减）		

从上表中，我们不难发现，表的左边是站在企业银行存款日记账的角度来进行调整，而表的右边则是站在银行对账单的角度来进行调整，只有两者经过调整以后的余额保持一致才能证明企业账上的"银行存款"的金额是准确无误的。

其中，企业银行存款日记账是企业的财务人员编制的，也就是说，是站在企业的角度，银行对账单则是由银行的工作人员所出具的，也就是说，是站在银行的角度。接下来，我们就将分别站在企业的财务人员的角度和银行的工作人员的角度，来对银行存款余额调节表分别进行调整。

1. "企业银行存款日记账"的角度

这里，我们首先从调节表左边出发，也就是说，这时我们是站在企业财务人员的角度进行调整。那么，我们首先需要假设自身所编制的银行存款日记账存在"错误"，而银行工作人员所提供的银行对账单则是准确无误的。那么这时，我们就需要将银行存款日记账中存在的"错误"予以更正。这里的"错误"主要有两类：

（1）"银行已收，企业未收"的项目：这类项目就是银行对账单上已经增加而企业银行存款日记账上没有登记增加的项目。比如，企业银行存款期末所产生的活期利息（由于企业的财务人员是在收到相关凭证以后才会登记入账，所以对于活期利息，其入账时间一般都是滞后于银行对账单的）。对于这类"错误"，我们需要在原来的日记账余额的基础上进行调增。

（2）"银行已付，企业未付"的项目：这类项目就是银行对账单上已经减少而企业银行存款日记账上没有登记减少的项目。比如，银行在期末一次性从企业银行存款账户上扣除的手续费（由于企业的财务人员是在收到相关凭证以后才会登记入账，所以对于银行手续费，其入账时间一般都是滞后于银行对账单的）。对于这类"错误"，我们需要在原来的日记账余额的基础上进行调减。

2. "银行对账单"的角度

之前，我们是从企业银行存款日记账的角度出发来对其进行修正。接下来，我们要从调节表的右边出发，也就是说，我们这个时候是站在银行工作人员的角度进行调整。那么，这时我们首先需要假设自身编制的银行对账单存在"错误"，而企业财务人员所提供的银行存款日记账则是准确无误的，我们需要将银行对账单中存在的"错误"予以更正。这里的"错误"当然也有两类：

（1）"企业已收，银行未收"的项目：这类项目就是企业银行存款日记账上已经增加而银行对账单上没有登记增加的项目。比如，企业已经收取，但是出纳尚未办理划款的供应商支票（由于企业的财务人员在收到支票以后就会登记银行存款金额增加，但是银行需要等支票办理过户完毕以后才会登记存款金额增加，所以，对于支票业务，银行的记录时间一般是滞后于企业的）。对于这类错误，我们需要在原来的银行对账单余额的基础上进行调增。

（2）"企业已付，银行未付"的项目：这类项目就是企业银行存款日记账上已经登记减少而银行对账单上还没有登记减少的项目。比如，企业已经开出，但是客户尚未办理过户的支票（如上文所说，对于支票业务，银行的入账时间一般会晚于企业的入账时间，这里是由于企业的财务人员在开出支票以后就会登记银行存款金额减少，但是银行需要等支票办理过户完毕以后才会登记存款金额减少）。对于这类错误，我们需要在原来的银行对账单余额的基础上进行调减。

二、银行存款余额调节表编制举例

在对银行存款余额调节表的编制原理进行了简单的描述以后，接下来我们就用一个案例来帮助广大读者加深对编制原理的理解：

××公司××××年12月份发生与银行存款有关的业务如下：

12月31日，××公司银行存款日记账余额为432万元，银行转来对账单余额为664万元。经逐笔核对，发现以下未达账项：

①　××公司在 12 月 28 日收到 A 公司 480 万元的转账支票并已登记入账，但银行尚未办理支票过户。

②　××公司在 12 月 29 日向 B 公司开具 360 万元的转账支票并登记入账，B 公司尚未将该转账支票送存银行。

③　××公司委托银行代收 C 公司购货款 384 万元，银行已于 12 月 30 日收妥并登记入账，但甲公司尚未收到收款通知。

④　12 月份××公司发生借款利息 32 万元，银行已减少其存款，但××公司尚未收到银行的付款通知。

很显然，这里①属于"企业已收，银行未收"项目；②属于"企业已付，银行未付"项目；③属于"银行已收，企业未收"项目；④属于"银行已付，企业未付"项目，所以经过调整以后，最后的结果如表 10-2 所示。

表 10-2　银行存款余额调节表编制举例

银行存款余额调节表

××××银行　　　　　　　　××××年××月××日　　　　　　　单位：万元

项目		金额	项目		金额
企业银行存款日记账余额		432	银行对账单金额		664
序号	银行已收，企业未收（加）	384	序号	企业已收，银行未收（加）	480
序号	银行已付，企业未付（减）	32	序号	企业已付，银行未付（减）	360
调节后银行存款余额		784	调节后银行存款余额		784

三、银行存款余额调节表带给我们的启示意义

虽然银行存款余额调节表本身并不是整个会计学习过程中的一个重点和难点，但是笔者在这里主要是想向广大读者提供一个"换位思考"的思路。因为在实务过程中，我们经常会碰到很多"对不平"的往来账项，这时我们就可以通过采用"换位思考"的思路，将这里的银行对账单和企业银行存款日记账替换成"供应商"和"客户"等交易双方，或许很多问题也就能够迎刃而解。

笔者之前在美国参加美国注册会计师的考试中也遇到过类似的问题，其是要求我们对于企业的商品库存金额进行调整，当时由于国内任何一本会计教材没有类似的描述，所以很多中国考生都对此束手无策。其实该类问题的解决办法的本质也是一个"换位思考"的方法，我们只需要将企业会计人员提供的商品库存明细账和仓库管理人员的商品"进销存"记录用"换位思考"的方式来进行调整就可以将问题——化解。

最后在生活中，我们也需要有"换位思考"的意识，这其实就是我们所说的"横看成岭侧成峰，远近高低各不同"，很多时候，并不是哪一方真的有错，其实只需要切换一个视角，不少问题都能迎刃而解。

第 11 讲

存货（上）：产品生产中的"价值流转"

人类自"农耕文明"迈步来到"工业文明"以后，科技的进步给整个社会带来了巨大的便利，工业革命之后的全球经济和社会生产力更是发生了翻天覆地的变化，会计学也正是在这个时期得到了长足的发展。起初，现代会计学的理论体系的设立目的就是给工业巨头，如当时的卡耐基钢铁、福特汽车以及通用电气等大型生产制造型企业提供财务经营核算上的理论依据，可以毫不夸张地说，现代会计学理论就是构建在生产制造型企业的钢筋水泥之上的。

对于大部分的生产制造型企业来说，"存货"这个会计项目可谓是整个会计核算中的核心，几乎贯穿于企业整个会计核算的始终，也正是因为"存货"在整个工业企业会计核算体系中举足轻重的地位，对于"存货"的核算能力其实也考验着每一位财务会计人员的会计素养。在下面的两讲中，我们就将和广大读者朋友一起来聊一聊"存货"。

一、什么是存货

存货是指企业用于出售的有形资产，其物理形态主要包括原材料、在产品以及产成品等。这个定义中的关键在于"用于出售"即企业持有存货的终极目的，这其实也是区分一项有形资产究竟属于"存货"还是"固定资产"的重要依据。比如，对于大部分的企业，其购置房屋等不动产一般是为了自身的生产经营需要而非用于出售，所以对于大部分的企业，其拥有的房屋不动产就属于企业的一项"固定资产"而非"存货"，但是对于像万科这样的房地产开发企业，其所持有的商品房并非为了满足自身的生产经营所需，而是为了对外进行销售，也就是说，商品房对于万科而言就是一项"存货"而非"固定资产"。再比如，大部分企业购置电脑是为了自身的办公需要，所以，这些企业所拥有的电脑就是一项"固定资产"而非"存货"，但是对于联想这样的电脑生产企业，其所生产的大部分电脑是为了对外出售而非供自身的办公使用，因此，这部分电脑对于联想而言就是一项"存货"而非"固定资产"。由此可见，对于同样一项有形资产，究竟是"固定资产"还是"存货"完全取决于企业持有该有形资产的最终目的。

二、基本生产车间和辅助生产车间

通过上面的讲解，相信广大读者朋友们对于存货的定义已经有了一定的了解。那么对于企业而言，其取得存货的方式又分为哪些呢？一般而言，企业取得存货主要有两种方式，一种是从外部购买，还有一种就是自己来生产。其中，对于外部购买的存货，其会计核算相对简单，但是对于生产型企业所生产的存货，其成本核算一直是困扰广大成本核算人员的难点。下面，我们就要和广大读者朋友一起来聊一聊企业自己生产的存货的成本核算问题。

对于一名财务人员，想要做到准确核算产品的生产成本，我们有必要先去了解产品的生产流程和工艺特点，但是这并不意味着我们财务人员要转型为生产管理人员，而是说，财务人员只有对企业产品的生产流程和工艺特点有了一个相对清晰的认识，才能反过来帮助我们更准确地核算产品的生产成本。当然，除了需要了解产品的生产流程和工艺特点，我们也需要了解成本的会计核算的特点。虽然不同产品的生产流程和工艺特点各不相同，但是对于成本的会计核算特点，我们却可以从中挖掘出一些彼此的"共性"，并以此作为我们进行成本核算的理论基础，而这里的特点其实就是"产品生产中的价值流转"问题。

无论读者朋友们是否接触过产品的生产制造，都会有这样一个常识，那就是产品生产一般都是在企业的生产车间内完成的，大到一个大型的生产厂房，小到一个作坊，其实都是一个个独立的"产品生产车间"。对于不同的产品生产，基于其生产流程以及工艺特点，生产企业可能会对生产车间进行不同的分类。我们就以汽车生产制造厂商为例，其整个生产环节一般由四个部分组成，分别是冲压、焊接、涂装以及总装，也就是说，汽车生产企业可以按汽车生产的工艺特点将生产车间细分成"冲压车间""焊接车间""涂装车间"以及"总装车间"等。当然，这里的分类其实是基于生产工艺而进行的分类。那么，基于成本会计核算，我们又该对生产车间进行怎样的分类呢？如果站在会计成本会计核算的角度，"生产车间"其实可以被细分为以下两大类：基本生产车间以及辅助生产车间。"基本生产车间"和"辅助生产车间的"的定义分别如下：

（1）基本生产车间是直接进行产品生产的车间。比如，汽车生产企业的汽车生产车间、服装生产企业的服装生产车间等。

（2）辅助生产车间是为基本生产车间、企业行政管理部门服务而进行产品生产和劳务供应的车间。比如，汽车生产企业进行汽车生产除了需要使用钢材等基础原材料，也需要使用电力和水等辅料以及其他服务。汽车生产企业可以选择从电厂或自来水厂直接采购电力和自来水，也可以选择自行发电和供水，那么，汽车生产企业的发电以及供水车间就是汽车生产企业的辅助生产车间。

从上述针对"基本生产车间"以及"辅助生产车间"的概念描述和举例中，我们其实已经可以找到两者的"边界"，那就是他们所生产出的产品的不同。对于基本生产车间而言，其所生产的产品是直接用于对外销售的最终产品，比如汽车生产所生产的汽车以及服装生产企业所生产的服装；而辅助生产车间所生产的产品或劳务一般不是企业可以直接对外进行销售的最终产品，比如汽车生产企业的供电车间和供水车间向其基本生产车间以及行政管理部门所提供的电力和水。因此，我们可以得出这样的结论：一个车间所生产的产品或服务是否为能对外直接进行销售的最终产品是区分"基本生产车间"和"辅助生产车间"的直接依据。

三、产品生产中的价值流转

经过之前讲解的铺垫，接下来我们就要进入到本讲的主题——产品生产过程中的价值流转。不难理解，在整个产品的生产过程中，企业需要投入各种生产要素，这些生产要素一般为生产环节中所涉及的"料""工"和"费"。关于"料""工"和"费"的具体内容如下：

(1) 料：直接原材料；

(2) 工：直接生产人工工资；

(3) 费：间接生产费用，比如生产车间的折旧、生产车间管理人员的工资以及耗用的照明电力等。

任何产品的生产都会在生产过程中投入各种原材料以及辅料，然后由生产工人对原材料和辅料进行加工，最后生产出最终产品，也就是说，这一系列过程其实就是将各项生产要素转换为最终产品的一个过程。同时，这里的实物流也经历了一个从原材料到产成品的流转过程。比如，服装生产企业为生产服装需要投入布料，然后由生产工人对布料进行裁剪以及缝制并最终加工成成衣，当然，整个成衣的生产过程中还会产生机器设备的折旧以及车间照明等间接生产费用，只有经过这样一系列生产步骤，企业才能生产出一件件成衣，这就是生产过程中所发生的"实物流转"。

除了实物流转，在会计上的成本核算中，实物流转还对应着价值流转，就是企业为生产产品所投入的原材料成本、生产工人的工资即人工成本以及其他的间接成本费用最后都会转移到最终产品的成本价值当中，这些生产要素的成本转移过程其实就是产品生产过程中的"价值流转"过程。"料""工"和"费"这些产品生产过程中的必要生产要素一旦投入生产，其成本就会转化为企业的"生产成本"，并在最终产品完工以后转移到"产成品"的成本价值当中，以后，随着产成品的对外销售，这部分成本价值又会结转到企业的"主营业务成本"中，所以，整个产品生产周期中的"价值流转"过程如图 11-1 所示。

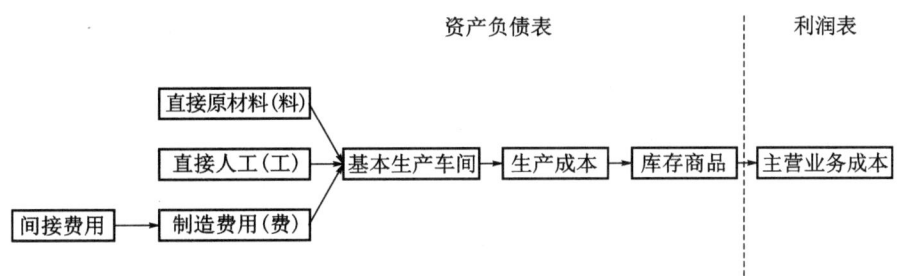

图 11-1　"基本生产车间"中价值流转的过程图解

承上，在整个生产过程中，价值流转的相关会计分录如下：

企业投入各类生产要素即"料""工"和"费"进行生产产品的会计分录：

借：生产成本——基本生产车间
　　贷：原材料
　　　　应付职工薪酬
　　　　制造费用——基本生产车间

产品完工形成产成品入库的会计分录：

借：库存商品

　　贷：基本生产成本—基本生产车间

库存商品对外进行销售时的会计分录：

借：主营业务成本

　　贷：库存商品

从上面的会计分录中，我们可以清晰地看到整个价值流转在会计处理中的全过程即：

"料""工""费" → "生产成本" → "库存商品" → "主营业务成本"

当然，需要在这里说明的是，这里的"生产成本"以及"制造费用"并不是利润表里的"成本"和"费用"，它们只是"产品"的一种价值形态，属于资产负债表中的"存货"项目，只有当产成品完成对外出售时，企业所确认的"主营业务成本"才是利润表中的"成本"概念，也只有"主营业务成本"才会直接影响到当期的"净利润"。也就是说，在产品没有卖掉以前，价值流转仅仅停留在企业的资产负债表上，只有在卖掉以后价值才会转移到企业的利润表中。

相信细心的读者已经发现，上文的价值流转图所针对的仅仅是"基本生产车间"的产品生产，因为这里所生产的产成品是企业能对外进行销售的最终产品。那么对于"辅助生产车间"的价值流转而言，其又有什么相同和不同之处呢？其实两者的生产都需要投入"料""工"和"费"，区别仅仅在于"最终产品"，"辅助生产车间"所生产的最终产品其实就是"基本生产车间"所需要的电和水等辅助性产品和服务（当然，辅助生产车间所生产的产品或者服务中的一部分也可能被企业的行政管理部门所耗用，这里我们是假设辅助生产车间的全部产品被企业的基本生产车间所耗用），所以辅助生产车间的最终产品的本质就是"基本生产车间"的一部分"间接费用"，这部分"间接费用"最终也会和基本生产车间的其他"料""工""费"的价值一起转移到最终产品的成本价值中。"辅助生产车间"的整个"价值流转"的过程如图 11-2 所示。

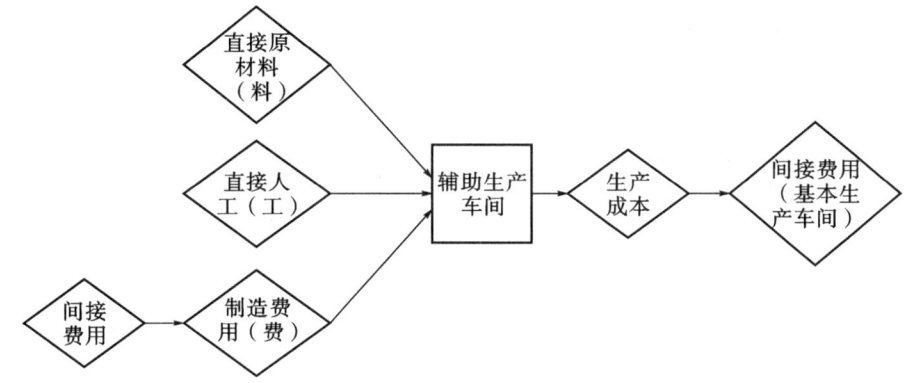

图 11-2　"辅助生产车间"的价值流转的过程图解

承上，辅助生产车间价值流转的相关会计分录如下：

辅助生产车间投入各类生产要素即"料""工"和"费"进行生产的会计分录：

借：生产成本——辅助生产车间

　　贷：原材料

　　　　应付职工薪酬

　　　　制造费用——辅助生产车间

产品或服务完成并转入到基本生产车间进行生产时的会计分录：

借：制造费用——基本生产车间

　　贷：生产成本——辅助生产车间

从上面的会计分录中，我们可以清晰地看到整个"辅助生产车间"生产中价值流转的全过程，即"料""工""费"→"生产成本"→"制造费用"。

在和广大读者朋友分享完了"基本生产车间"和"辅助生产车间"的价值流转全过程以后，我们将两者进行合并就形成了整个成本会计的核算思维路径，两者合并以后的价值流转如图 11-3 所示。

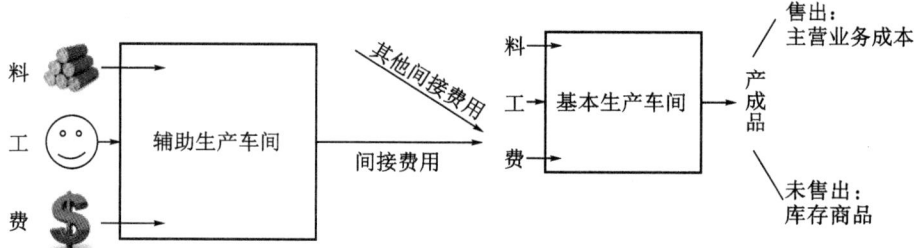

图 11-3　两者进行合并后的图解

当然，实务中的产品成本核算要远比我们在本讲中的分享来得复杂，需要广大读者朋友进行深入和系统的学习才能真正掌握。本节所分享的"价值流转"思维是整个成本核算的思维基础，可以帮助广大读者在学习成本计算的时候少走一些弯路，这也是笔者希望能为广大读者朋友尽到的绵薄之力。

第 12 讲

存货（下）：如何计算发出存货的成本

承上一讲，本讲我们将继续和广大读者朋友们一起讨论有关"存货"的内容。在上一讲中，我们和大家分享了产品生产过程中"价值流转"的成本核算思维。如果说，上一讲的内容是关于企业在取得"存货"时的成本核算问题，那么这一讲我们要和大家分享的则是企业发出存货时的成本核算问题。

读到这里，相信有些读者朋友可能会存在这样的疑问，同样的存货，发出时的成本不就应该等于其取得时的入库成本吗？这样的理解固然没有错，但是在实务工作中，由于存货一般具有进出库频繁、种类繁多、数量庞大等特点，所以很难做到实际出库与入库实现一一对应匹配。同时，由于每次入库的存货的金额可能都不尽相同，所以，对于发出存货的成本，我们在会计上的核算一般需要借助相关的核算模型才能实现。

一、发出存货成本计价方法

在之前会计基础理论的讲解中，我们知道会计核算有"四大假设"。而对于发出存货的成本计价，我国的《企业会计准则》也规定了四种方法，也就是我们之前所提及的具体的成本核算模型——存货实物流转假设。这四种方法或者说四大存货实物流转假设分别是"个别计价法""先进先出法""月末一次加权平均法"以及"移动加权平均法"。接下来，我们先分别就"四大实物流转假设"来逐一进行简单的介绍：

（1）个别计价法。在该存货流转假设下，存货的成本流转与实物流转保持一致，也就是说，发出存货的成本完全与最初的采购成本或入库成本一致，这也是唯一价值流和实物流能完全匹配一致的发出存货计价方法。该计价方法一般适用于出库与入库能做到一一对应的存货，比如，飞机轮船等大型的交通运输设备或特别批次的订单。在"个别计价法"下，企业的财务人员只需找到该存货的入库成本金额来作为其发出成本即可。

（2）先进先出法。在该存货流转假设下，其是假设先采购的存货先发出。很多大型零售超市的商品实物流转所采用的就是"先进先出法"，因为很多的商品尤其是食品类商品都有保质期，所以在对外销售时，零售超市所采用的策略就是将先采购的商品先对外发出。

（3）月末一次加权平均法。在该存货流转假设下，企业需要在期末一次性计算当月期末的存货的加权平均成本，也在期末一次性结转当期发出存货的成本。

（4）移动加权平均法。在该存货流转假设下，企业只要发生一笔采购就需要重新计算一次存货的加权平均成本，每发出一次存货就需要相应结转一次发出存货的成本。从"移动加权平均法"的核算要求中，我们不难发现在所有发出存货的成本计价方法中，"移动加权平均法"的核算最为复杂。

"月末一次加权平均法"以及"移动加权平均法"一般适用于那些对存货成本核算要求较高且具有良好的存货内部控制管理的企业，其中"移动加权平均法"更是在需要时时掌控商品"进销存"信息的企业（比如互联网电商企业）中得到广泛运用。

需要说明的是，对于"月末一次加权平均法"以及"移动加权平均法"这两大假设，由于每次入库存货的成本金额都未必相同，所以在计算发出存货的成本之前，都需要先重新计算存货的加权平均成本。这里的会计核算基本原理就是只有"采购行为才会影响到存货的加权平均成本，而销售行为并不会影响到存货的加权平均成本"。只是对于"月末一次加权平均法"，其是在每个月月末一次性计算存货的加权平均成本，而对于"移动加权平均法"，其是在每发生一次采购行为就需要重新计算一次加权平均成本。

二、发出存货成本计价方法举例

在对发出存货的计价方法进行了一个简单的描述以后，接下来，我们就结合一个实例来分别解释"先进先出法""月末一次加权平均法"以及"移动加权平均法"下发出存货成本的计算方法：

假设某企业在 2021 年 10 月的某项存货的收发情况如下：

（1）期初库存 100 件，单价 10 元；

（2）10 日收入 50 件，单价 11 元；

（3）12 日发出 60 件；

（4）20 日收入 80 件，单价 12 元；

（5）26 日发出 120 件。

请分别核算在"先进先出法""月末一次加权平均法"以及"移动加权平均法"下，本月所发出存货的成本。

1. 先进先出法

在"先进先出法"下，由于不涉及加权平均、单价的计算，所以该方式下的核算要点其实是从发出存货的数量入手，然后"从前向后进行追溯"即可。什么意思呢？就是从发出存货的数量倒推到月初结存以及最先购入的存货数量，并将月初所结存（这里其实可以将月初结存的存货视为月初第一次购入的存货）以及最先购入的存货所对应的成本金额作为本期发出存货的金额。

该例中，本月一共发出了 180 件（60＋120）存货，从前进行追溯，得到这 180 件存货的构成分别是：

（1）期初库存的 100 件；

（2）10 日收入的 50 件；

（3）20 日收入 80 件中的 30 件。

所以在该方式下，本期发出存货的成本金额为 1 910 元（10×100＋11×50＋12×30）。

2. 月末一次加权平均法

在"月末一次加权平均法下"，其核算要点是需要先计算当期存货的加权平均成本，然后用该加权平均成本乘以本期发出存货的数量即得到当期发出存货的成本。

该例中，本月期末的加权平均存货单价成本计算过程如下：

$$\frac{10\times100＋11\times50＋12\times80}{100＋50＋80}＝\frac{2\,510}{230}＝10.91\,（元/件）$$

所以该方式下，本期发出存货的成本金额就为：

$$10.91\times180＝1\,963.80\,（元）$$

3. 移动加权平均法

在"移动加权平均法"的方式下，由于只有收到的存货即采购业务才会影响到加权平均单价，而发出存货即销售业务是不会影响到加权平均单价的，所以我们在每收到一次存货以后都需要重新计算一次采购成本。与此同时，企业每发出一批存货就需要结转一次发出存货的成本。

该例中，在 10 日收到 50 件存货以后，我们需要计算一次留存存货的加权平均存货单价成本，其计算过程如下：

$$\frac{10 \times 100 + 11 \times 50}{100 + 50} = \frac{1\,550}{150} = 10.33 \ （元/件）$$

12 日，企业发出 60 件存货时，我们需要计算该批发出存货的成本金额为，其计算过程如下：

$10.33 \times 60 = 620$（元）

这时，企业所结存的存货数量 = 100 + 50 − 60 = 90 件，结存存货的金额 = 1 550 − 620 = 930 元。

20 日，企业再次收入 80 件存货，这时我们需要重新计算加权平均成本，这时存货的加权平均成本变为：

$$\frac{930 + 12 \times 80}{90 + 80} = \frac{1\,890}{170} = 11.12 \ （元/件）$$

26 日，企业发出 120 件存货时，我们需要再次计算该批发出存货的成本金额，其计算过程如下：

$11.12 \times 120 = 1\,334.40$（元）

所以，本月企业一共发出的存货的成本金额 = 620 + 1 334.40 = 1 954.40元。

三、发出存货计价方法小结

通过上面的讲解以及举例，我们在这里对各种计价方式下发出存货的成本核算和广大读者朋友进行一个如下的总结：

（1）个别计价法：在该方式下，发出存货成本与收到的存货成本存在一一对应原则，最初存货取得时的成本金额即发出时的成本金额。

（2）先进先出法：在该方式下，我们不需要计算当期收到存货的加权平均成本，我们可以直接从发出存货的数量入手，然后"从前向后进行追溯"计算本期发出存货的成本。

（3）月末一次加权平均法、移动加权平均法：在这两种方式下，我们需要计算加权平均成本，然后用计算得到的加权平均成本乘以当期发出存货数量得到当期发出存货的成本金额，这是因为"只有收到存货即采购活动才会影响到存货的加权平均成本，同时发出存货成本的金额是由加权平均成本乘以发出存货数量得到的"。不同的是，月末一次加权平均法在应用时，只在月末计算一次当月存货加权平均成本，并结转一次发出存货成本；而移动加权平均法是每次收入存货都需要重新计算一次加权平均成本，而每发出一次存货就需要结转一次发出存货成本。各种存货计价方式下的归纳总结如表 12-1 所示。

表 12-1 发出存货成本核算方法总结

发出存货 计价方法	特点	适用环境	核算方法
个别 计价法	实物流与价值流完全一致，不需要计算加权平均成本	大型的交通运输设备或特别批次的订单，比如飞机轮船	发出存货成本与收到的存货成本进行一一对应
先进 先出法	不需要计算加权平均成本	大型零售超市	从发出存货的数量进行入手，然后"从前往后进行追溯"计算发出存货的成本
月末一次 加权平均法	需要计算加权平均成本	存货成本核算要求较高且具有良好的存货内部控制管理的企业	月末计算一次当月存货加权平均成本，并结转一次发出存货成本
移动加权 平均法	需要计算加权平均成本	需要时时掌控商品"进销存"信息的企业，比如互联网电商企业	每次收入存货都需要重新计算一次加权平均成本，而每发出一次存货就需要结转一次发出存货成本

第 13 讲

"资本化支出"和"费用化支出":
"资产"还是"费用"

在之前"会计分期:财务操纵和舞弊的温床"这一讲中,我们在和广大读者朋友谈及企业进行财务舞弊的手段时,提到了其中的一项,那就是夸大"资本化支出",即企业把一些不该"资本化支出"的支出项目予以资本化从而达到少列企业的费用支出,最终实现做大企业利润的目的。在那一讲中,我们就"资本化支出"和"费用化支出"的问题和广大读者朋友卖了一个关子,在本讲中,我们就将和广大读者朋友一起就"资本化支出"和"费用化支出"的区别和联系展开进一步的讨论。

一、什么是"支出"

在开始正式讲解"资本化支出"和"费用化支出"之前,我们先要和大家一起谈谈"支出"。"支出"指的是企业支付了一笔款项或即将支付一笔款项的经济业务,在会计核算中,该经济业务的贷方会计科目一般为"银行存款"或者是"应付账款"等负债类科目。

二、"资本化支出"和"费用化支出"

在简单了解了"支出"的定义以后,接下来我们就来聊一聊什么是"资本化支出"和"费用化支出"。其实,这两者最大的不同之处就在于,它们最终能给企业带来什么。"资本化支出"最终形成的是企业的一项资产，表示企业会因为花了这笔钱而长期受益，专业的表述就是"预期能在未来给企业带来经济利益流入"，这也是资产的重要特征之一；而对于"费用化支出"，其形成的则是企业的一项"费用"，表示企业的该笔支出只能使企业在当期受益而不能在以后期间受益。打个形象的比喻，"资本化支出"可以使企业"受益终身"，"费用化支出"只能让企业"活在当下"。

这里，我们不妨通过一个例子来说明两者的区别。假设某企业因为办公需要购买了一台打印机，由于该打印机可以长期使用，也就是说，这笔支出可以使企业在未来时间内长期受益，所以这台打印机就是企业的一项"资产"，而企业因为购买这台打印机所发生的支出就是一项"资本化支出"。但是，如果企业没有选择购买的方式来取得该打印机，而是采用每个月支付租金的方式来租赁该打印机，那么企业每个月支付租金的支出只能视为当期的"费用"，因为企业以后如果要使用该打印机还需要再次支付租金，也就是说，该笔支出并不能在未来给企业带来收益。所以，企业因为租赁这台打印机而发生的支出也只能被视为是一项"费用化支出"（当然，"融资租赁"下的租金除外）。从这里的举例我们不难发现，"资本化支出"和"费用化支出"的区别就在于该笔支出是仅仅在支出当期带给企业收益还是以后各期都能给企业带来收益。

在西方的会计学理论中，资产也被称为"unexpired cost & expense"即"（当期）尚未失效的成本和费用"，从这个表述中，我们也不难看出两者之前的区别和联系，其实"资本化支出"与"费用化支出"都是"会计分期"假设下的产物。资产，其实就是一项"固化的费用"；费用，其实就是一项"切片的资产"。

三、有形资产的实际应用

在清楚地了解了"资本化支出"与"费用化支出"的联系和区别以后,接下来我们就来和广大读者朋友一起聊一聊"资本化支出"以及"费用化支出"在实务中是如何应用的。

1. 存货

根据我国《企业会计准则》的相关规定,外购存货的成本即存货的采购成本,是指企业物资从采购到入库前的全部支出,也就是说,对于"存货",其资本化和费用化的分界点在于"是否入库"。为购买存货而发生的入库以前的支出资本化,计入到"原材料""库存商品"等会计科目的入账成本中;而对于那些发生在入库以后的支出则是费用化计入到"管理费用"等损益类科目中,其中最典型的就是商品的仓储费支出。关于存货资本化和费用化的区分如图 13-1 所示。

图 13-1　存货

当然,如果存储是存货生产加工过程中的必要工艺组成部分,比如为酿酒而发生的存储费用,由于窖藏是整个酿酒工艺的一个组成部分,那么这部分仓储支出是计入到"生产成本"即存货的入账成本而非管理费用。

2. 固定资产

根据我国《企业会计准则》的相关规定，固定资产的取得成本包括企业为购建某项固定资产达到预定可使用状态前所发生的一切合理的、必要的支出。从这个定义中，我们不难看出，对于固定资产，其资本化和费用化的分界点在于资产是否达到"预定可使用状态"。在该资产达到"预定可使用状态"之前，企业所发生的支出需要资本化即在会计核算中这部分支出需要计入到"在建工程"这个资产类账户中；一旦资产达到了"预定可使用状态"，资产就需要从"在建工程"转入到"固定资产"账户中，此外，企业在这以后所发生的支出需要费用化即在会计核算中这部分支出需要计入到"管理费用"这个损益类账户中。假设企业购置了一部打印机，对于正式使用以前的支出比如调试安装等费用支出都是直接计入到"在建工程"这个账户中。一旦机器设备达到正常使用状态以后所发生的一切支出比如检测等费用都是计入到"管理费用"这个账户中。关于固定资产的资本化支出和费用化支出的区分如图 13-2 所示。

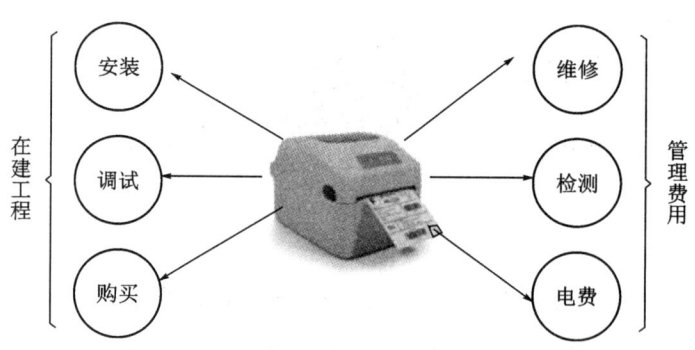

图 13-2　固定资产

四、研发支出的支出分类

上面，我们已经和广大读者朋友先后分享了我国《企业会计准则》中关于"存货"以及"固定资产"这两项有形资产的"资本化支出"和"费用化支出"的规定。接下来，我们就再来聊一聊"无形资产"。

在我国，无形资产主要包括专利权、非专利技术、商标权、著作权、特许权、土地使用权等。对于无形资产，其取得的方式主要有两种，一种是外部取得，还有一种就是企业内部自行研发。对于外部取得的无形资产，其资本化的金额即入账成本相对简单，就是该无形资产的取得成本即买价。

对于那些自行研发的无形资产，其资本化的金额的确认就要来得复杂一些。根据我国《企业会计准则》，无形资产的研发一般可以分为两个阶段，分别是"研究阶段"和"开发阶段"。其中，研究阶段的支出需要全部费用化，也就是说，这部分支出金额是记入到企业的"管理费用"中，到了开发阶段，只有符合资本化条件的支出才可以被资本化，也就是说，开发阶段的金额才有可能被记入到企业的"无形资产"中去。那么，究竟怎么样才算符合资本化条件呢？会计上的定义是达到"技术可行性"（IFRS即国际会计准则的描述是"technology flexibility"），比如，企业所研发的软件可以正常使用或者销售了，那么这时我们就认为软件的研发达到"技术可行性"的标准了，后续所发生的开发支出就可以被记入到"无形资产"的入账成本中了。有关无形资产支出的划分标准如图 13-3 所示。

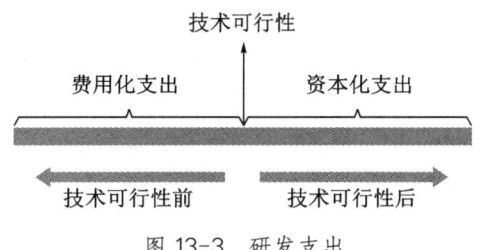

图 13-3　研发支出

五、关于研发支出的思考

经过上文的讲解，我们不再难理解为什么企业大部分的"研发支出"最后都会费用化，因为要达到"技术可行性"是一个漫长的过程。在财务上，这样处理的本质是由于会计信息质量要求之一的"谨慎性原则"，因为资产确认的条件之一就是"经济利益很可能流入企业"，而通常研发活动的失败率很高，也就是说，整个研发过程存在着很大的"不确定性"。也正是因为这个原因，没有达到"技术可行性"以前的研发支出其实并不满足资本化的条件，即无法预期是否会在未来让企业受益，所以在账务上当然也不能作为企业的一项资产。

作为一家有业绩要求的企业，管理层其实更倾向于将研发支出进行"资本化"而非"费用化"，因为费用化的结果就是直接减少企业当期的净利润。但是，受限于会计准则的约束，真正能转化为"无形资产"的研发支出金额占整个研发支出的比例仅仅是很小一部分。那么，企业会不会因此而减少研发支出呢？如果是一家高瞻远瞩的企业，那么它绝对不会因为当期的业绩压力而减少企业的研发支出，因为研发支出所打造的是企业在未来的竞争力，正如"失败是成功之母"，如果没有费用化的研发支出作为铺垫，企业也就无法在未来诞生出"无形资产"。这里，我们就以大名鼎鼎的华为为例，华为每年的研发支出都保持着一个高增长的态势。在整个 2019 年度，华为的研发支出金额高达 1 317 亿元，这里其中的大部分金额都属于费用化的支出金额，直接减少了华为当期的净利润。但是，华为从来没有因为财务报表的负面影响而停止研发投入的脚步，也正是这样的高研发投入，最终确保了华为持久不衰的竞争力。

美国著名的无形资产专家索吉亚·尼斯教授曾经在其研究报告中给出这样一个结论：公司每增加 1 美元的研发支出，就可以在以后的 7 年时间里累计增加 2 美元的利润。同样，在资本市场中，如果一家企业的研发支出每增加 1 美元，那么其市场估值平均会增加 5 美元。这说明什么？就是在投资家这些"顶尖财务高手"的眼中，研发支出并不是简单的一项费用，而是披着"费用"马甲的"资产"，甚至有可能还是企业最为宝贵的资产。

同样，作为会计学理论研究的先行者，FASB 即美国财务报告会计准则委员会也对合并报表中的"研发支出"进行了一个大胆的创新。在 US. GAAP 即美国通用会计准则下，对于企业的研发支出一般予以费用化处理，但是如果有一天，该企业一旦被其他公司收购，那么之前所发生的研发支出可以作为一个单独的资产项目——"identifiable intangible assets"即"可识别的无形资产"在合并报表中单独进行列报，也就是说，美国通用会计准则在这里其实是让这部分支出脱下了马甲从"费用"又变回了"资产"，而这样做的目的其实也是为了在财务报表层面上积极鼓励企业的研发创新行为。

六、"资本化支出"和"费用化支出"的现实意义

通过以上的讲解，笔者在这里想和广大读者朋友分享的是，我们在生活中也需要建立起"资本化支出"和"费用化支出"的观念，因为我们在日常生活中无时无刻不发生着各种支出，小到今天中午的外卖点什么，大到是购买北京二环内还是四环以外的房子。笔者在这里的观点是在我们进行日常决策的时候首先需要区分一笔支出是"资本化支出"还是"费用化支出"，并尽可能地多在"资本化支出"方面进行投入。我们日常生活中的"资本化支出"除了包括购置房产以及购买理财产品以外，更重要的是，在提升自身技能素养上面的投资，比如教育投资，因为教育投资就如同企业的研发支出，会提升我们的社会竞争力，从而帮助我们在未来不断

获益。同时，我们应尽量控制自己的"费用化支出"，这些支出主要包括我们的聚餐支出、购买的高档化妆品和奢侈品以及大部分的旅游支出，因为这些仅仅只能给我们带来片刻的享受，却无法让我们收获长远的收益和竞争力，如果没有"资本化支出"而只是"费用化支出"，我们最终只能沦为社会的"消费品"。

第 14 讲

金融资产：最熟悉的陌生人

从本讲开始，我们将用四讲的篇幅来和广大读者朋友一起探讨金融资产。提起金融资产，给人的第一印象往往就是"高大上"，而说起金融从业人员，我们的脑海里面也往往会浮现出一群西装革履的"高富帅"，带给我们一种"高高在上"的感觉。本讲开始，我们就将要和这位会计中的"高富帅"来一场近距离的接触。相信只要有过炒股经历的读者朋友其实应该对它不会陌生，没错，股民朋友们所持有的股票其实就是一项典型的"金融资产"。接下来，我们将开始就"金融资产"和广大读者朋友展开正式的讨论。

一、金融资产和实物资产

在开始讲解金融资产以前，我们先要和大家聊一聊企业的"投资行为"。在之前篇章的讲解中，我们已经知道，企业的投资行为最终形成的是企业的一项资产（一般为企业的长期资产），金融资产当然也是企业投资活动的结果。那么，金融资产和企业其他投资活动所形成的资产的区别是什么呢？这里的区别其实就是投资的对象不同。企业的投资活动除了可以按投资回收期的长短分为长期投资和短期投资，也可以按投资的边界划分为企业的内部投资以及企业的外部投资。

通常，企业的内部投资一般就是指实物资产的投资，比如，企业所投

资购买的设备、厂房等固定资产等。投资实物资产的目的是满足企业自身
生产经营活动的需要，因为企业只有拥有了设备和厂房以后才可以开始展
开日常的生产经营活动，比如，生产型企业只有在购买设备以后才可以开
始生产产品，并将其销售以换取收入，最终实现企业盈利的生产经营性
目的。

较之于企业的内部投资，企业的对外投资其实就是以各种形式将企业
的资金投放给其他企业，其中最为常见的就是购买其他企业所发行的债券
或者股票等，而其他企业在拿到资金以后也会进行内部实物资产的投资以
满足自身的生产经营需要，并通过自身的经营活动实现盈利以后来支付投
资企业的利息或者股利。也正是基于这样的特点，很多时候我们也将内部
投资称为"直接投资"，将外部投资称为"间接投资"。

经过这样的分享和对比以后，我们就可以得出这样的结论：企业对内
投资或者直接投资所形成的往往是企业的"实物资产"，而对外投资或者
间接投资所形成的通常就是企业的"金融资产"。企业投资行为和资产的
分类如图 14-1 所示。

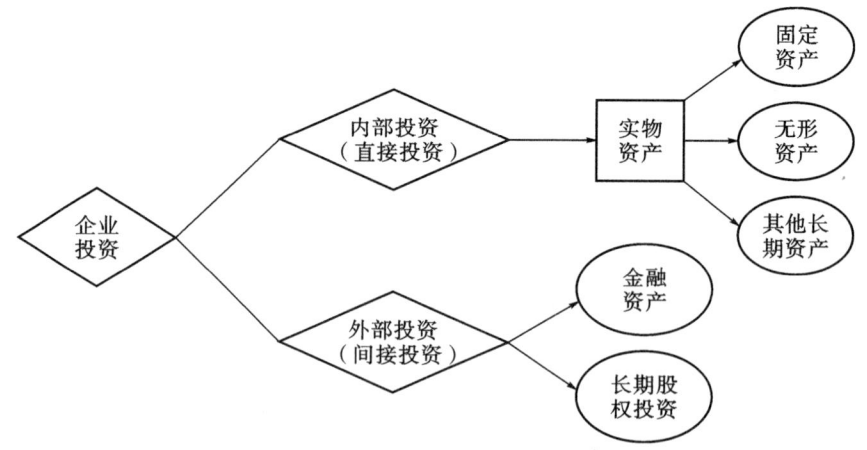

图 14-1　企业投资行为和资产的分类

通过上面的讲解，我们现在再回到"金融资产"最原始的定义："金融资产，是实物资产的对称，是一种索取实物资产无形的权利，是指单位或个人所拥有的以价值形态存在的资产，是一种索取实物资产的无形的权利。"从这个定义中我们就可以得出"实物资产"与"金融资产"这两者之间的联系与区别。

对于实物资产，企业由于直接对其拥有所有权，同时企业也直接参与日常生产经营，所以企业自然也能控制实物资产上所带来的一切收益，这里的收益其实就是企业日常经营活动中最终所实现的净利润。

较之于实物资产，"金融资产"其实是一种"价值形态"的资产，说得更透彻一点，就是指企业收取现金或者现金等价物的合同权利，最典型的案例就是企业所购买的其他企业所发行的股票和债券。例如，企业购买了其他企业所发行的股票，那么它就拥有了向发行方企业收取股利的权利；如果企业购买了其他企业所发行的债券，那么它就有了向债券发行企业按期收取债券利息以及本金的权利。

我们在这里还需要明确的是，对于金融资产，由于投资方仅仅是一个外部投资者，其并不直接拥有被投资企业也就是这些金融资产背后所对应的"实物资产"的所有权。此外，投资方一般也不直接参与被投资方的生产经营活动（控股股东除外，其持有的被投资企业的股票不再是"金融资产"，而是一项"长期股权投资"。关于"长期股权投资"，我们将在后续的章节中和广大读者朋友展开详细讨论）。投资企业从"金融资产"上获取的收益其实是"金融资产"背后所代表的"实物资产"所衍生的，也就是说，"金融资产"所带给我们的收益和权利其实是对于"实物资产"所滋生的权益的求偿以及分配的权利。

关于实物资产和金融资产的联系和区别，我们在这里不妨通过一个实例来帮助广大读者朋友来理解。比如，我们购买了"江淮汽车"的股票以后就自然而然地成为了"江淮汽车"的股东，可以按持股比例来获取"江淮汽车"的分红。我们收到的股利其实是"江淮汽车"通过生产经营即生产制造汽车并进行销售以后所实现的净利润中的一部分，但是我们并不直接参与"江淮汽车"的日常生产经营活动，而"江淮汽车"通过生产经营实现的净利润本身也是直接归属于"江淮汽车"这家公司的，我们只有在"江淮汽车"的董事会等权力机构做出分配股利的决议和方案以后才拥有了收取股利的权利。正是由于"金融资产"这样的特性，让这些持有它的人无法"近距离"地接触到它背后所代表的"实物资产"，所以对于我们而言，"金融资产"就如同我们身边那个"最熟悉的陌生人"，近在咫尺却又仿佛远在天边。

二、金融资产的分类

在和广大读者朋友简单分享了"金融资产"的定义以后，接下来我们再一起来探讨我国会计准则中关于"金融资产"的分类。根据我国现行的《企业会计准则》，金融资产具体可以分为以下三类：

(1) 以摊余成本计量的金融资产；

(2) 以公允价值计量，且其变动记入其他综合收益的金融资产；

(3) 以公允价值计量，且其变动记入当期损益的金融资产。

对于没有接受过会计系统性学习的读者朋友一定会对上面的表述感到十分的晦涩难懂。的确，这样的表述确实显得生硬，接下来我们就将用相对浅显易懂的语言文字来对这三类金融资产进行逐一的讲解。

1. 以摊余成本计量的金融资产

要搞清楚这类金融资产的关键就在于理解什么是"摊余成本"，说得通俗一点，"摊余成本"就是尚未收回的本金以及利息之和。读到这里，可能有读者朋友会问，以"尚未收回的本金以及利息"进行计量，那么这类金融资产是否仅仅指企业所购买的其他企业或者个人所发行的债券而不包括企业所购买的股票或其他形式的金融资产？这样的理解是完全正确的。对于这类金融资产，会计上我们用"债权投资"这个会计科目来对其进行核算。但是问题又来了，是不是企业所购买的所有债券或者债权类的投资又都归属于"以摊余成本计量的金融资产"呢？答案又是否定的。那么，其他的债券又是属于哪一类的金融资产？它们之间的区别又是什么呢？接下来我们就和广大读者朋友再一起来聊一聊另外两类金融资产。

2. 以公允价值计量，且其变动记入其他综合收益的金融资产

和第一类金融资产一样，这里又出现了一个概念——"公允价值"，要想理解这句话，我们还是需要先了解"公允价值"这个概念。公允价值指的是公平交易市场上的交易价格。我们知道，对于股票和债券这样的金融资产，其一般都存在着活跃的交易市场，比如我国的上海证券交易所和深圳证券交易所即我们所俗称的"上交所"和"深交所"，美国的纽约证券交易所即我们所俗称的"纽交所"，这些都是金融资产的交易市场，金融资产活跃的交易市场也必然存在着确凿的市场价格，这里的市场价格就是这些金融资产的"公允价值"。

在了解了什么是"公允价值"以后，我们就来说说这一类金融资产具体包含什么，其所包含的就是除了第一类以外的其他债券或债权类投资。对于这类债权投资的核算，会计上采用"其他债权投资"法对其进行核算。那么与第一种金融资产相比，这两类金融资产或者说这两类债券的区

别又是什么呢？区别就是企业最初在购买债券时的意图的不同。通常而言，债券都有明确的到期日，如果企业最初购买债券的目的就是将其持有至到期而不是为了中途出售，那么这类债权就是第一类金融资产；如果企业最初购买债券的目的是中途出售而非持有至到期，那么这类债券就归属于第二类金融资产。

在 2018 年以前的《企业会计准则》中，第一类金融资产所对应的会计科目名称为"持有至到期投资"，而第二类金融资产所对应的会计科目名称则是"可供出售金融资产"，其实仅仅从之前这两类金融资产所对应的会计科目名称，我们其实就可以了解两者之间的差异。

3. 以公允价值计量，且其变动记入当期损益的金融资产

这类金融资产所核算的是除第一类和第二类以外的其他金融资产。由于企业所持有的债券主要是通过第一和第二类金融资产来进行会计核算，所以该类金融资产所核算的主要是企业所购买的其他企业所发行的股票以及基金等金融资产。对于这类金融资产，会计上我们是通过"交易性金融资产"这个会计科目来对其进行核算的。

以上就是对三类金融资产的简单描述，它们之间的分类如图 14-2 所示。

三、金融资产的会计核算特点

由于三类金融资产所包含的内容各不尽相同，自然它们各自的核算特点自然也不相同，我们也将在这里对于它们各自的核算方法进行一个简单的总结。第一类的金融资产的核算比较复杂，关于这类金融资产的核算我们将在接下来分三讲和广大读者一起进行深入的讨论。本讲，我们就先来

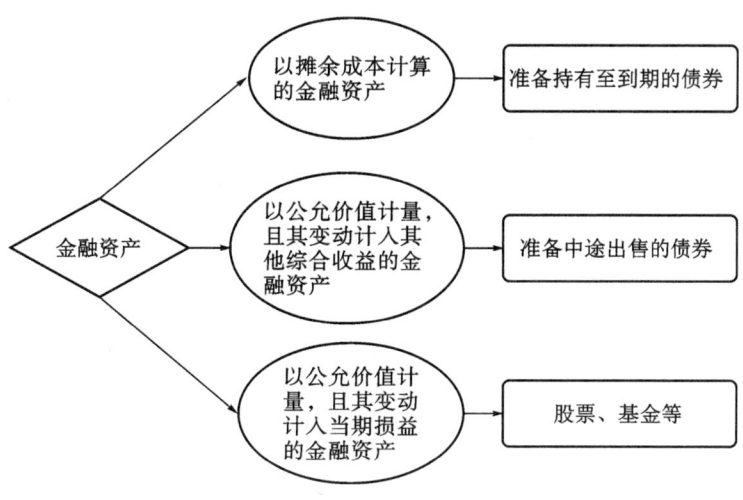

图 14-2　金融资产分类图解

聊一聊"其他债权投资"和"交易性金融资产"这两类金融资产的核算特点。其实，对于这两类金融资产，从它们各自的分类名称中我们就可以知晓它们的会计核算特点。

这两类金融资产都是以公允价值来进行期末的计量，就是到了会计期末（通常为月底或者年底）的时候，我们需要人为地将它们的账面价值调整成各自的公允价值。比如，在没有经过调整以前，这两类金融资产的价值都是 10 元，但是在会计期末，这另类金融资产的市场报价都上涨到了15 元，也就是说，"公允价值"比"账面价值"多了 5 元。这时，我们需要先将金融资产的"账面价值"重新调整到 15 元。但是，多出的 5 元需要记到哪里呢？对于第二类金融资产，这 5 元就会记到所有者权益中的"其他综合收益"这个科目里面；而对于第三类金融资产，这 5 元就会记到一个损益类科目——"公允价值变动损益"中。所以，对于这里的第二类金融资产，我们在期末需要编制的会计分录为：

借：其他债权投资　　　　　　　　　　　　　　　5

　　贷：其他综合收益　　　　　　　　　　　　　　　　5

对于这里的第三类金融资产，我们在期末需要编制的会计分录为：

借：交易性金融资产　　　　　　　　　　　　　　5

　　贷：公允价值变动损益　　　　　　　　　　　　　　5

如果到了期末，这两类金融资产的市价并不是上涨而是下跌，那么我们只需要编制借贷方向相反的会计分录即可。

这里，由于"其他综合收益"是所有者权益科目隶属于资产负债表，所以对于"其他债权投资"，其期末市场报价的波动所直接影响的是企业的"资产负债表"；而"公允价值变动损益"则是一个损益类科目隶属于利润表，所以对于"交易性金融资产"，其期末市场报价的波动直接影响到的是企业的"利润表"，同时也会间接地影响到企业的"资产负债表"（因为所有损益类科目在期末都需要结转到所有者权益中的"利润分配"科目中）。第二类和第三类金融资产的期末会计处理如表 14-3 所示。

表 14-3　两类金融资产期末处理汇总

金融资产类别	期末账面价值 计量基础	期末公允价值变动 对报表的影响
其他债权投资	以公允价值计量，变动金额记入"其他综合收益"中	仅仅影响资产负债表
交易性金融资产	以公允价值计量，变动金额记入"公允价值变动损益"中	同时影响资产负债表和利润表

本讲，我们和广大读者朋友简单聊了一下我们的"高富帅"朋友——金融资产。在后面的章节中，我们也将继续和广大读者深入探讨金融资产中的会计核算难点——实际利率法。

第15讲

复利原则:"实际利率法"的秘密(上)

从本讲开始,我们将用三讲的篇幅来和广大读者朋友们一起探讨"实际利率法"。"实际利率法"又被称为"实际利息法",它不仅是整个会计学习中的一个难点内容,同时也是一个重点内容。"实际利率法"的原理以及财务核算问题在金融资产、分期购买固定资产或无形资产等长期资产、长期债务融资以及融资租赁等内容中均有广泛涉及。

一、实际利率法原理

鉴于实际利率法的准则描述十分晦涩难懂,这里我们也是另辟蹊径,在下面的讲解中以一个具体的债券案例来为广大读者朋友对"实际利率法"的知识点进行一个剖析,也希望广大读者朋友通过本讲的分享以后能够初步掌握实际利率法的基本原理,并能做到实际运用。

债券案例:

2013年1月1日,甲公司支付价款1 000万元(不考虑交易费用)从上海证券交易所购入乙公司同日发行的5年期公司债券12 500份,债券票面价值总额为1 250万元,票面年利率为4.72%,于年末支付本年度债券利息(即每年支付利息1 250万元×4.72%=59万元),本金在债券到期时一次性偿还。甲公司根据其管理该债券的业务模式和该债券的合同现金流量特征,将该债券分类为以摊余成本计量的金融资产。甲公司根据管理该债券的业务模式和该债券的合同现金流量特征，将该债券分类为以摊余成本计量的金融资产。

这是一个典型的实际利率法的例题，长期出现在历年的注册会计师辅导教材以及其他各类会计教材中。在这个案例中，我们首先需要对于一些基本的概念做一个简单的梳理。在上例中，1 250 万元是债券的面值金额，我们称之为"名义本金"，也是债券在到期以后甲公司所能实际收回的本金款项；4.72% 是债券的票面利率，我们在这里称之为"名义利率"，名义本金金额乘以名义利率就得到每年的"名义利息"金额为 59 万元，这也是甲公司每年年末所能收到的利息金额；1 000 万元是甲公司在购入该债券时实际支付的款项，我们称之为债券在 2013 年初的"实际本金"（《企业会计准则》中的表述为 2013 年初的"摊余成本"）。由于期初实际投入的本金为 1 000 万元，而每期收到的利息为 59 万元，债券到期以后能收回面值金额 1 250 万元，所以根据插值法计算得到"实际利率"为 10%（有关插值法的内容会在后面的章节中再做介绍）。下面，我们将用图表的形式来为大家展现实际利率法下的计算原理，如表 15-1 所示。

表 15-1 "实际利率法"计算表格

计算内容					单位：万元
日期	期初实际本金（摊余成本）A	实际利息收入＝期初实际本金×实际利率 B＝A×10%	实际本利和 C＝A＋B	名义利息 D	期末实际本金（摊余成本）E＝C－D
2013 年	1 000	100	1 100	59	1 041
2014 年	1 041	104	1 145	59	1 086
2015 年	1 086	109	1 195	59	1 136
2016 年	1 136	114	1 249	59	1 190
2017 年	1 190	119	1 309	59	1 250

通过上面这样一张图表，我们就能比较清晰地理解实际利率法运行的底层逻辑。在 2013 年年初，甲公司用 1 000 万元购买了乙公司的债券，所以对于甲公司，持有该债券在 2013 年年初的实际本金就是最初购买债券的 1 000 万元。同样，我们只要用 2013 年年初的实际本金金额乘以实际利率就可以得到 2013 年全年的实际利息收入即 1 000 × 10% = 100 万元，这里的实际利息收入可以理解成甲公司在 2013 年"应该"向乙公司所收取的债券利息金额，期初的实际本金与当期的实际利息收入之和就等于期末的实际本利和为 1 100 万元，如果假设该债券在这一刻就到期，那么甲公司实际应该向乙公司所收取的金额为 1 100 万元。但是，由于 2013 年期末甲公司只能从乙公司处收到名义利息金额 59 万元，所以甲公司对乙公司还剩下 1 041 万元的债权金额，这部分金额会作为 2014 年期初的本金从而再次进入到 2014 年的计息期，也就是说，1 041 万元会重新形成 2014 年期初的一个新的"实际本金"，然后再次进行一个计算循环，周而复始，到了 2017 年期末也就是债券到期的那一刻，新的"实际本金"正好变为 1 250 万元，正好等于票面本金，1 250 万元也正是乙公司需要在 2017 年期末向甲公司所偿还的全部本金金额。

通过上文的讲解，相信广大读者朋友对"实际利率法"的基本核算原理也已经有了一个简单的了解，接下来我们再从另一个角度来为读者朋友解释一下"实际利率法"的基本核算原理。在 2013 年的 1 月 1 日，甲公司用 1 000 万元购买了乙公司发行的债券（相当于甲公司借给乙公司 1 000 万元），甲乙公司约定，乙公司每年年末向甲公司支付 59 万元的利息，并在 5 年后一次性归还甲公司本金 1 250 万元。经过测算，该债券的实际年利率是 10%，那么到了 2013 年的年末，甲公司"应该"向乙公司收取的利息金额是 1 000 × 10% = 100 万元。但是按照合约规定，乙公司只支付了甲公司 59 万元的票面利息金额，所以乙公司还"欠"了甲公司 100 − 59 = 41 万元的利息金额没有支付，那么这部分利息金额就会作为第二期的本金金额与原来的本金金额一起形成了一个"新本金金额"，也就是说，到了2014年期初，本金金额变成了1041万元，而这个"新本金金额"也是我们核算2014年度该债券利息金额的直接依据。

同理，第二期即2014年年底，乙公司需要支付甲公司的利息金额为1041×10％＝104万元，但是乙公司还是只支付了甲公司59万元的票面利息金额，所以，到了2014年底，乙公司又"欠"了甲公司104－59＝45万元的利息金额没有支付，那么这部分"没有支付"的利息金额又会再次与2014年年初的本金金额合并形成2015年年初的本金金额参与2015年度的利息计算，也就是说，2015年期初的本金金额这时变成了1041＋45＝1086万元，依此类推，直至最后一期期末的本金金额变为债券的票面本金金额即1250万元。

这就是"实际利率法"的底层逻辑——复利原则，就是将没有支付的"实际利息"循环计入本金中，并按新的本金金额重新计算当期的实际利息金额，也就是我们通常所说的"利滚利"，经过不断循环往复直至最后一期清零。在上述的讲解中，如果我们将"实际本金"替换成"摊余成本"，将"实际利息收入"替换成"投资收益"，就完全是准则的描述方式了。

二、实际利率法下的会计账务处理

在和广大读者朋友简单介绍了"实际利率法"的计算原理，接下来我们就再来聊一聊该例中的账务处理特点。在上一讲中，我们已经知晓，对于这类以"摊余成本"进行后续计量的金融资产，我们是通过"债权投资"这个会计科目来进行核算的。但是这里的问题是，由于这里债券的面值金额即 1 250 万元并不等于其最初的投资金额即 1 000 万元，那么这里的"债权投资"究竟应该怎么来进行记录呢？这里，我们其实在"债权投资"这个总账科目名下设置了两个明细会计科目，分别是"债权投资——面值"和"债权投资——利息调整"，所以对于 2013 年 1 月 1 日甲公司购入乙公司债券的经济业务，我们需要编制的会计分录为：

借：债权投资——面值　　　　　　　　　　　12 500 000
　　贷：银行存款　　　　　　　　　　　　　10 000 000
　　　　债权投资——利息调整　　　　　　　　2 500 000

这样一来，"债权投资"的总账科目金额就等于其实际初始投资金额 1 000 万元，但是通过明细科目，我们可以获取更多关于该债券的会计信息。同样，到了 2013 年年末，我们需要编制的会计分录为：

借：应收利息　　　　　　　　　　　　　　　590 000
　　债权投资——利息调整　　　　　　　　　　410 000
　　贷：投资收益　　　　　　　　　　　　　1 000 000

从这里的会计分录中，我们其实不难发现，"债权投资—利息调整"正如它的名字一样，起到的是一个"调节"的作用，其所核算的就是债券（包括本金与利息）"名义金额"与"实际金额"之间的差异。在期初的分录中，其所调节的是"实际本金"与"名义本金"之间的差异金额，而到了期末，其所调节的则是"实际利息"与"名义利息"之间的差异金额，也正是因为"债权投资——利息调整"这个科目的桥梁作用，不仅使每一笔会计分录都遵循了"借贷必相等"的基本账务处理准则，同时也向我们清晰地展示了"实际利率法"计算原理的全貌。

本讲，我们以"债权投资"为例，和广大读者朋友一起分享了"实际利率法"的核算原理以及账务处理特点，虽然在分期购买固定资产或无形资产等长期资产、长期债务融资以及融资租赁等采用"实际利率法"进行会计核算的经济业务下，其会计科目各有不同，但是核算原理以及账务处理特点却都是保持一致的，因为它们都拥有"实际利率法"下一个共同的秘密——"复利原则"。

第 16 讲

复利原则:"实际利率法" 的秘密(中)

承上一讲,本讲我们将继续和广大读者就"实际利率法"的问题展开讨论。在上一讲中,我们已经了解了实际利率法的运算逻辑及其基本账务处理,但是相信不少读者在阅读了上一讲以后,可能还存在着这样一个疑问,为什么债券的面值金额明明是 1 250 万元,但是甲公司却可以用 1 000 万元将其买下来?为什么最后债券到期了,乙公司却还是需要按面值金额向甲公司归还 1 250 万元而不是最初 1 000 万的实际本金金额呢?本讲,我们就将和大家一起来揭晓这些上一讲中"悬而未决"的谜团。

一、什么是 "债券"

要想解开这个谜团,我们首先就有必要了解 "债券"。我们都知道,基础金融工具主要包括股票和债券。股票是股份有限公司的所有权凭证,世界上第一家股份有限公司就是我们每个人都有所耳闻的 "英国东印度公司",其诞生于 1600 年,从那时开始才有了现代意义上的公司股票。较之于股票,债券的历史则要悠久得多。早在公元前 400 年,古希腊和古罗马就已经有了债券的相关记载,那时的债券通常只是一张羊皮纸,债券的本金、利率以及还款期限等都记载在羊皮纸上,是对于借贷双方都具有约束效力的契约性文件。在英语中,债券被翻译成 "bond",而 "bond" 本身也就具有 "契约" 的含义,由此可见,债券的本质就是一张具有法律约束力的债权债务合约。

随着人类社会的空前进步，纸质媒介甚至于电子媒介早已经代替了最初的羊皮纸，且债券交易的对象也从特定的借贷双方变成了资本市场中的发行方和无数不确定的投资者。由于债券的发行一般都需要经过证券监管部门的审批，所以债券从最初的报备到最终在公开市场上发行已经间隔了一段时间。那么这个和债券的定价究竟有什么关系呢？关系太大了，因为资本市场如同"六月的天气、孩子的脸"一样瞬息万变，每一次资本市场的风吹草动都会影响到整个市场交易标的物的价格，债券当然也不可能独善其身。说到这里，我们其实已经能够解开之前的谜团了，在上一讲的案例中，债券在最初设定的面值金额为 1 250 万元，但是等到其实际发行的时候，由于市场价格的波动，其价值已经下跌到了 1 000 万元。

二、债券的定价

通过上文的讲解，我们已经知道，债券的价格是变化的。那么，市场的波动究竟是怎么样影响到债券的价格的呢？或者说，债券究竟是怎么样进行定价的呢？相信具备财务管理知识的读者朋友一定知道，资产的内在价值是资产在未来所产生的一系列现金流或现金等价物进行折现以后的现值金额。而债券作为持有方的一项资产，其价值当然也等于其在未来所产生的一系列现金流或现金等价物的"折现金额"。那么，债券未来的一系列现金流是什么？它们又是怎么样折现的呢？

1. 债券的未来现金流

对于债券而言，其未来所产生的一系列现金流就是每期的票面利息金额以及债券到期那一刻的票面本金金额（这里我们所针对的是分期付息，到期一次性还本的普通债券）。那么"折现"又是什么含义呢？相信读者朋友们对于"利息"一定都不会感到陌生，其就是本金经过一段时间以后所滋生出的"时间价值"，而折现其实就是将一段时间以后的本利和推回到时间原点即债券发行日当天的"实际本金"金额，换言之，对债券进行"折现"的过程其实就是计算债券"本利和"的逆运算，计算"本利和"与"折现"就分别如同一枚硬币的两面。

2. 债券的定价原理

在了解了债券的定价原理以后，我们再来看下一个问题，就是"市场的变动究竟是怎么样影响到债券的价格的"。债券的价格既然是未来一系列的票面利息和票面本金的折现金额，那么能影响到债券的价格因素也就只有两个：

（1）未来一系列的利息和本金的金额；
（2）折现利率。

对于票面利息和票面本金的金额，由于受到债券合约的约束，其一般在债券发行方向证券监管机构进行报备的时候就已经确定下来了，也就是说，利息（名义利息金额）一般是一个固定不变的"常量"，那么这里能改变债券价格的因素就只剩下"折现利率"这样一个"变量"了。

接下来，我们不妨还是通过举例的方式来谈谈"利率"究竟是怎么样影响债券的定价的。假设现在有一张债券，票面本金金额为 100 元，年利率是 5%，一年以后到期，也就是说，其未来一系列的现金流就是一年以后到期的本利和，其金额就等于 100×（1+5%）＝105 元，如果发行时市场利率水平正好是 5%，那么这张债券的定价恰好就等于其面值金额即 100 元。这种情况下，由于债券的发行价格正好等于其面值金额，所以我们称该类债券为"平价发行债券"。

但是，如果这个时候由于央行资金收紧等原因，市场利率突然上升到 7%，那么会对债券产生什么影响呢？这个时候，如果债券还是按照 100 元发行，市场投资者就不愿意购买，因为如果投资者购买其他债券一年以后可以收到 107 元，所以在这种情形下，这张债券合理的定价是 105÷（1＋7%）＝98.13 元，也就是说，这个定价才可以合理保证市场投资者在一年以后获得和其他债券一样的投资回报率也就是 7%，也只有这个价格才会吸引到市场中的投资者购买该债券，这种情况下，我们称该类债券为"折价发行债券"，因为该类债券的实际发行价格低于面值金额。同样的道理，如果现实中市场利率由于央行实行了宽松的货币政策等原因突然下跌到 3%，那么这时这张债券的定价就应该是 105÷（1＋3%）＝101.94 元，这时我们称该债券为"溢价发行债券"，因为该类债券的实际发行价格高于面值金额。可见，债券的定价并非人为的结果，而是市场选择的结果。

通过上述这样一个举例，我们就不难理解在上一讲的案例中，为什么债券的面值金额明明是 1 250 万元，但是实际发行价格却只有 1 000 万元，因为其票面利率是 4.72%，低于发行时的市场利率 10%，所以只能进行折价发行。当然，该例中的折现过程也要比上文中的举例来得更复杂一些，因为这张债券是一张五年期的债券，也就是说，其在未来一共会产生五期的现金流入，分别包括五期的利息收入金额和最后一期的本金金额，所以我们这里需要对这张债券五期的现金流分别进行折现才能得到这张债券在发行日的价值，其计算公式如下：

$$\frac{59}{(1+10\%)^1}+\frac{59}{(1+10\%)^2}+\frac{59}{(1+10\%)^3}+\frac{59}{(1+10\%)^4}+$$

$$\frac{59}{(1+10\%)^5}+\frac{1\,250}{(1+10\%)^2}=1\,000（万元）$$

关于该五年期的债券现金流分布以及定价原理如图 16-1 所示。

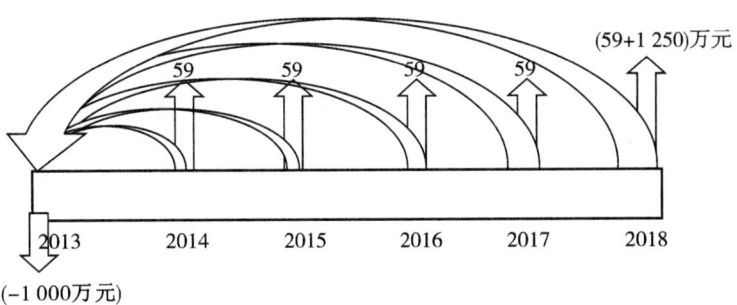

图 16-1　债券的定价——折现原理

　　到这里，我们也就和广大读者朋友聊完了债券的定价问题，相信也能为广大读者解开上一讲中的疑问。但是实际利率法的内容还没有完结，在下一讲中，我们还将和广大读者朋友就"实际利率法"剩下的最后一个问题——"复利现值三要素"展开讨论。

第 17 讲

复利原则：实际利率法的秘密（下）

在"复利原则：实际利率法的秘密（上）"这一讲中，我们和广大读者朋友讨论了实际利率法下会计核算的基本原理；在"复利原则：实际利率法的秘密（中）"这一讲中，我们又和广大读者朋友讨论了实际利率法下债券价值的确定问题。本讲，我们将和广大读者朋友继续就实际利率法下各个要素以及它们之间的相互关系来展开讨论。

一、复利原则下的"三要素"

通过上一讲的分享，我们已经知道，为债券进行定价的过程其实就是一个将债券在未来所产生的所有利息和本金进行"折现"的过程，也就是计算债券在未来所产生的一系列现金流的现值金额。在上一讲中，我们在为债券未来的现金流进行折现的时候涉及了三个要素，我们在这里将其称为"复利三要素"，它们分别是：

（1）现值金额；

（2）未来现金流量；

（3）实际利率。

这里我们还是以债券为例，债券在发行日的价格就是其"现值金额"；债券以后每期所产生的票面利息金额以及最后一期的票面本金金额就是其

"未来现金流量"；债券在发行日的市场利率一般就是其"实际利率"。

二、"三要素"的测算

在简单了解了"三要素"之后，我们就来聊一聊它们的测算问题。所谓"测算"，指的就是知道其中的两个要素以后计算第三个要素。在上一讲中，我们其实已经和广大读者朋友一起讨论了"现值"金额的计算过程，那么本讲，我们就和广大读者朋友一起就剩下的"未来现金流"以及"实际利率"的测算问题展开讨论。

（一）未来现金流

对于等额付息，到期一次还本的债券而言，其未来现金流具体可以分为两部分，分别是票面本金金额和票面利息金额。两者的差异其实不仅仅在于金额的不同，更是在于"期数"的不同，由于利息在每期期末都需要支付，而本金仅仅在最后一期期末才需要支付，所以，对于本金和利息，我们需要分别计算。

这里我们就先来说说票面本金金额。对于本金这样仅仅在期末产生一次的"现金流"，在财务管理上有一个专业术语，叫"复利终值"，在已知"现值金额"的前提下要计算"终值金额"，我们需要借助"复利现值系数"。所谓的"复利现值系数"，指的是 1 元的终值金额在既定的期数以及利率下，经过复利折现以后得到的金额，财务管理学中我们用符号（P/F，i，n）来表示。这里的"P"其实是英语"present value"的缩写，也就是现值的意思；这里的"F"其实是英语"final value"的缩写，也就是终值的意思；这里的"i"其实是英语"interest rate"的缩写，也就是利率的意思；这里的"n"则代表的是期数。举个例子，我们现在假设终值为 1，那么在利率是 10％ 的前提下，经过 5 期复利折现，即用 1 除以（1 + 10％）

的 5 次方以后得到的金额是 0.620 9，即（P/F，10%，5）＝0.620 9，具体的折现过程如图 17-1 所示。

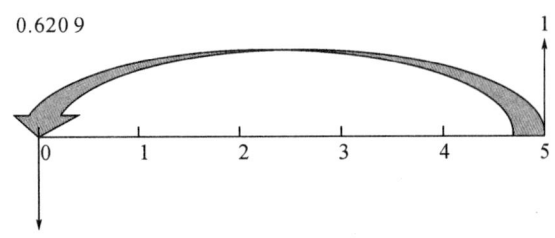

图 17-1　复利现值系数

可见，我们在已知复利终值金额的前提下，只要用它来乘以对应的"复利现值系数"就可以得到复利现值金额；同样，在已知复利现值金额的前提下，我们只需要用它来除以对应的"复利现值系数"就可以得到相应的复利终值金额。我们现在假设期初的本金金额即现值金额为 776.13 万元，那么 5 年期、利率为 10% 的"复利终值"，即第五期期末的本金金额就等于 1 250 万元（776.13÷0.620 9），具体如图 17-2 所示。

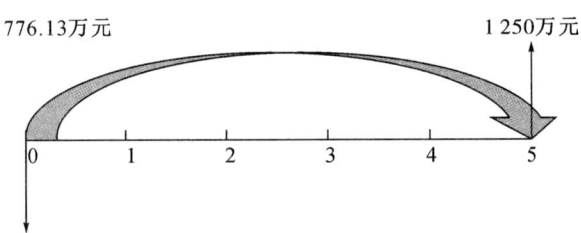

图 17-2　复利现值系数计算期末本金金额

聊完了本金，接下来我们再来聊一聊利息。区别于本金，利息于每期期末都会产生，而且每期的金额都一样。在财务管理上，对于这样每期都会产生且每期金额都相同、时间间隔也相等的现金流也有一个相对应的专业术语——"年金"。同样，要计算"年金"的具体金额，我们也需要借助一个系数——年金现值系数。

"年金现值系数"指的是 1 元的年金金额在既定的期数以及利率下，经过折现以后得到的现值金额。财务管理学中我们用符号（P/A，i，n）来表示。这里的"P""i"以及"n"和之前复利现值系数中的含义一样，分别代表的是现值金额、利率以及期数，这里的"A"指的是"annual value"即年金金额。举个例子，利率 10%、期数为 5 期的"年金现值系数"是 3.790 8，也就是说，假设每一期期末所产生的现金流为 1 元，一共产生了五期的现金流，那么同样在年利率为 10% 的前提下，这五期的现金流经过复利折现到第一期期初的金额之和就等于 3.790 8 元，即（P/A，10%，5）= 3.790 8。年金现值系数如图 17-3 所示。

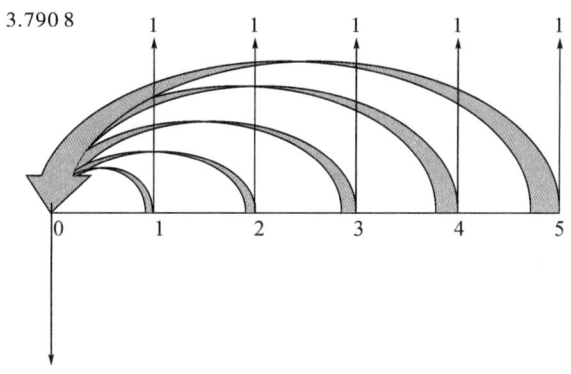

图 17-3　年金现值系数举例

同理，如果我们知道了期初的年金现值金额，只需要除以对应的"年金现值系数"就可以得到每一期的年金金额。现在我们假设年金的现值金额为 223.87 万元，那么在利率为 10%、一共五年期的前提下，每期的年金金额也就是每期末所产生的利息的金额为 59 万元（223.87÷3.790 8），如图 17-4 所示。

相信细心的读者朋友已经发现，上文中的举例其实就是"复利原则：

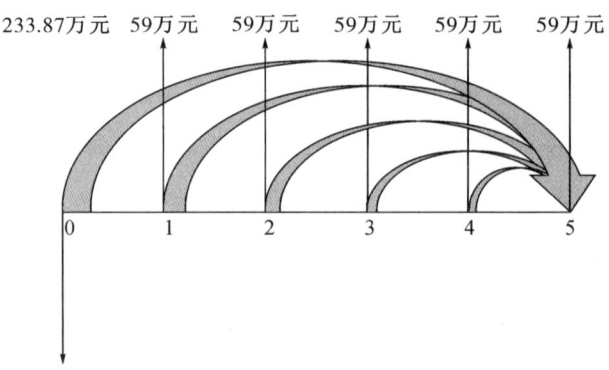

图 17-4 年金现值系数计算每期利息金额举例

实际利率法的秘密（上）"这一讲中例题的延伸。在这里，我们其实是将期初 1 000 万元的投资本金也就是债券的现值金额在这里做了一个拆分，其中 776. 13 万元是最后一期本金的现值金额，而剩余的 223. 87 万元则分别是五期利息的现值金额之和，所以，我们其实也是从另一个角度和广大读者朋友验证了"债券的价格其实就是未来一系列现金流的现值金额"这一结论的正确性。

（二）实际利率

在了解了"现值"以及"未来现金流"是如何进行测算的以后，我们现在和广大读者朋友就"实际利率"的测算问题再展开讨论。较之于"未来现金流"和"现值"这两项要素，"实际利率"的测算则要复杂得多。

我们还是以这里的本金来进行举例。由于这里的两个已知条件分别是"现值"即 776. 13 万元和最后一期的"现金流"即 1 250 万元，通过这两个已知条件，我们就可以计算得出这里的"复利现值系数"为 0. 620 9，接下来，我们只需要找到一个能使五年期的"复利现值系数"等于 0. 620 9 的复利利率。通过查阅复利现值系数表格（见表 17-5，表中的"列"所代表的是期数，行代表的是利率），我们很容易就能找到五年期的"复利现值系数"为 0.620 9 时所对应的实际利率是 10%。

表 17-5　复利现值系数表

期数	1%	2%	3%	4%	5%	6%	7%	8%	9%	10%	11%
1	0.990 1	0.980 4	0.970 9	0.961 5	0.952 4	0.943 4	0.934 6	0.925 9	0.917 4	0.909 1	0.900 9
2	0.980 3	0.961 2	0.942 6	0.924 6	0.907 0	0.890 0	0.873 4	0.857 3	0.841 7	0.826 4	0.811 6
3	0.970 6	0.942 3	0.915 1	0.889 0	0.863 8	0.839 6	0.816 3	0.793 8	0.772 2	0.751 3	0.731 2
4	0.961 0	0.923 8	0.888 5	0.854 8	0.822 7	0.792 1	0.762 9	0.735 0	0.708 4	0.683 0	0.658 7
5	0.951 5	0.905 7	0.862 6	0.821 9	0.783 5	0.747 3	0.713 0	0.680 6	0.649 9	0.620 9	0.593 5

　　当然，这是一个比较极端的例子，因为这里需要测算的实际利率恰好是一个整数，所以其能够出现在复利现值系数表中。但是，很多时候我们都不会这么幸运，能在"复利现值系数表"或"年金现值系数表"中找到一个完全匹配的整数利率。那么，如果我们无法在"复利现值系数表"或"年金现值系数表"中找到一个完全匹配的整数利率的时候，我们又该怎么样测算"实际利率"呢？一般而言，我们所采用的方法是"插值法"。

　　关于"插值法"的具体方法，本讲我们不为广大读者朋友展开赘述，这里我们仅仅就"插值法"的特点和广大读者做一个简单的描述。"插值法"的基本原理与"相似三角形"类似，其是假设现值系数是三角形的一边而利率则是三角形的另一边，利用"相似三角形对应边的比例一致"这一线性关系，近似地测算出"实际利率"，所以"插值法"也被称为"线性插值法"。其实，从"插值法"的特点我们就可以看出，其最大的缺点就是不够精确。

　　那么，怎么样才能提高"实际利率"测算结果的精确度呢？这里我们其实完全可以借助于"excel"中的函数公式——"IRR"。这里的"IRR"的英语全称是"inherent return rate"即"内含报酬率"，这里的"内含报酬率"是财务管理学中的表述，就是"实际利率"的意思。通过"IRR"这样一个函数公式，我们可以精确地测算出投资活动中的“实际利率”，如图18-1所示。

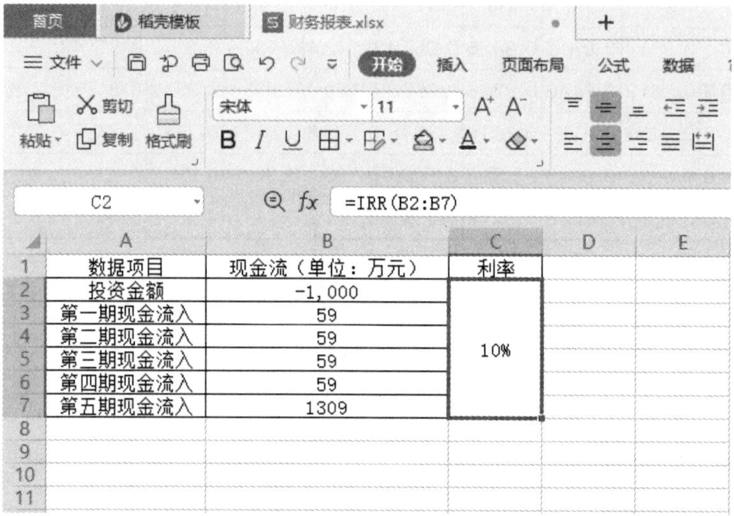

数据项目	现金流（单位：万元）	利率
投资金额	-1,000	10%
第一期现金流入	59	
第二期现金流入	59	
第三期现金流入	59	
第四期现金流入	59	
第五期现金流入	1309	

图 18-1　采用“excel”函数“IRR”计算实际利率举例

通过这三讲的分享，相信广大读者朋友对于“实际利率法”中的会计核算、债券价格的确定以及债券未来现金流量和实际利率的测算等问题都已经有了一个初步的认识。当然，读者朋友们如果要想熟练掌握“实际利率法”，还需要通过一些练习，笔者在这里也只是希望和广大读者分享一些个人在学习过程中的心得和感悟，提供一些学习的思路，从而能够真正帮助大家来理解“实际利率法”的有关内容。

第18讲

说说"长投"这些事（上）：什么是"长期股权投资"

本讲，我们将开始和广大读者朋友一起探讨会计中的一个重点内容——长期股权投资。长期股权投资（Long - term investment on stocks），简称"长投"，其在形式上是一家企业出资购买了另一家企业的股票，通过投资方式来取得被投资单位的股份，属于企业账上的一项"资产"。但是区别于之前篇幅所介绍的金融资产，企业取得这类股票的目的并不是将来收取分红或赚取差价，而是取得对被投资企业的"话语权"，从而能不同程度地对被投资企业实施经营和财务上的影响，所以，这一类的股票投资其实是企业的一种战略性投资。

一、长期股权投资下的"话语权"

在简单了解了"长期股权投资"的基本概念以后，我们就先和广大读者朋友一起来聊聊什么是"话语权"，这里的"话语权"指的是投资方企业对于被投资方企业在经营和财务决策上的影响程度。按影响程度的大小，这里的"话语权"具体可以分为三类，分别是：

（1）控制；
（2）共同控制；
（3）重大影响。

接下来，我们就将以生活中我们最了解的家庭为例，和大家详细聊一下"控制""共同控制"和"重大影响"这三种"话语权"。

（一）控制

控制指的是有权决定一个企业的财务和经营政策，并能据以从该企业的经营活动中获取利益。"控制"是最具有影响力的"话语权"，顾名思义，"控制"其实就是指企业能对被投资方"说了算"。我们不妨先想象有这样一个生长在单亲家庭的孩子，他只有一个监护人，那就是他的爸爸或者他的妈妈。在这个孩子未成年以前，很多生活上的琐事都需要由他的监护人来代这个孩子做决定，比如，孩子是否必须要在晚上九点以前睡觉，也就是说，在这个孩子未成年以前，他的爸爸或者妈妈能对这个孩子"说了算"，而这个孩子也必须对他的爸爸或者妈妈的决定言听计从。那么这个时候，我们就说，孩子的爸爸或者妈妈能"控制"这个孩子。

从这个例子中，我们不难发现，"控制"其实是一种绝对的权利。现在我们把这个孩子的监护人替换成投资方企业，而将这个孩子替换成被投资方企业。如果投资方企业能够对被投资方企业的重大财务、经营以及人事任免等所有重大决策"说了算"，用一个专业的表述就是拥有了"最终决定权"，那么我们这时就说投资方企业"控制"了被投资方企业，如图18-2所示。

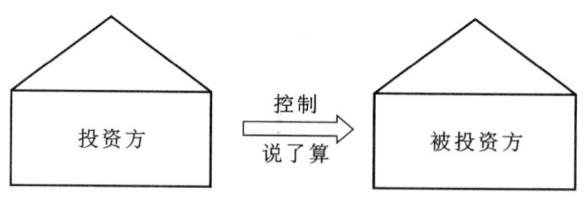

图 18-2 "控制"下的投资关系图解

（二）共同控制

"共同控制"是指由两家或两家以上的投资方企业来对被投资方企业进行最终的决策。区别于"控制"，"共同控制"需要大家"一起说了算"。这里，我们还是以这个未成年的孩子为例，和之前所不同的是，这个孩子是生活在一个完整的双亲家庭里，也就是说，他拥有两个合法监护人，即他的爸爸和妈妈。同样，在这个孩子未成年以前，他生活中的很多事情也需要由他的监护人来决定。但是，这里的决定需要由他的父母双方共同做出而非其中的任何一方，我们还是以这个孩子是否必须在晚上九点以前睡觉这件事情为例，在做出最终决定之前，他的父母首先会彼此交换意见进行商量，最后双方在达成共识的前提下做出最终的决定。换言之，孩子是否必须在九点以前睡觉的决定必须是父母双方一致同意的，如果爸爸或者妈妈中的任何一方认为孩子没有必要在晚上九点以前睡觉，那么孩子就可以不用执行这个决定。

同样，我们还是将上述举例中的孩子的监护人替换成投资方企业，并将这个孩子替换成被投资方企业。在同时拥有多个投资方的前提下，如果被投资方企业的财务、经营以及人事任免等所有重大决策需要取得其中多个投资方的一致同意才可以实施，即需要其中多个投资方企业"一起说了算"而不是其中任何一个投资方企业可以单独"说了算"，那么这时我们就说其中任何一个投资方企业都和其他投资方企业"共同控制"了被投资方企业，如图 18-3 所示。

（三）重大影响

在简单了解了"控制"和"共同控制"以后，最后我们再一起来聊一聊"重大影响"。相信广大读者朋友一定很熟悉这样一首歌曲，它就是风靡了 20 世纪 80 年代的《我想有个家》，其中有一句歌词是这样唱的，"但

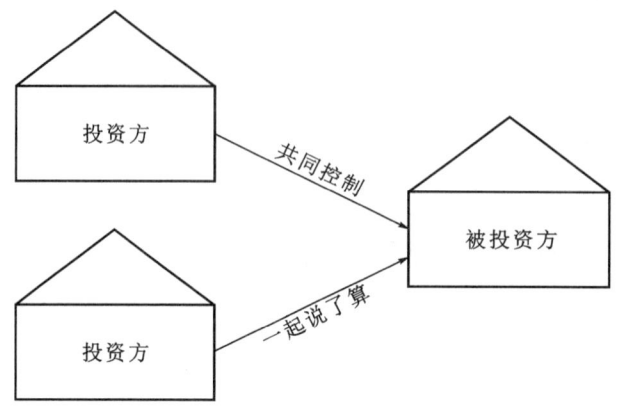

图 18-3 "共同控制"下的投资关系图解

是我一样渐渐地长大",就像之前举例中的孩子,无论他是生活在单亲家庭还是双亲家庭中,他都在慢慢长大,在过完他 18 岁周岁的生日那天,他就成年了,在这之后他可以为自己做出全部的人生决定。但是"可怜天下父母心",那个风华正茂的少年依旧是"父母眼中那个永远长不大的孩子",虽然这个时候父母亲已经不能再单独"控制"或者一起"共同控制"这个孩子了,但是他们仍然会时时刻刻用自身的人生阅历来为孩子的每一个人生重大决策提供参考意见,也就是说,他们的言行仍然会影响到这个孩子的一系列决策,而孩子也愿意听取父母亲的意见来作为自己进行人生重大决策时的参考意见。那么这个时候,我们就说这个孩子的父母亲对孩子能产生"重大影响"。

可见,即使投资方企业无法"控制"被投资方企业,也无法和其他投资方企业"共同控制"被投资方企业,但是只要其能对被投资方企业实施"重大影响",那么投资方企业对于被投资方企业就仍然拥有一定的"话语权",也就是说,投资方企业仍然可以对被投资方在经营以及财务上面的重大决策施加影响力,如图 18-4 所示。

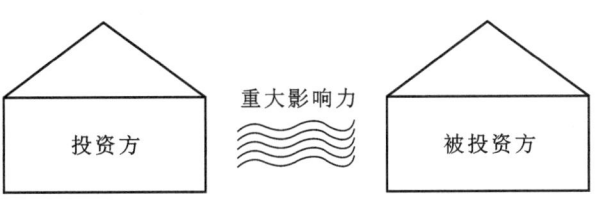

图 18-4　"重大影响"下的投资关系图解

二、"长期股权投资"下的被投资企业

从上面的举例中，我们不难看出，从"控制"到"共同控制"，再从"共同控制"到"重大影响"，投资方主体即"父母亲"对于被投资方主体即"孩子"的话语权是依次减弱的。在会计上，这些孩子也分别有不同的名字：对于能"控制"的孩子，我们称其为投资方企业的"子公司"；对于由父母亲"共同控制"的孩子，我们称其为投资方企业的"合营企业"；对于父母亲能实施"重大影响"的孩子，我们称其为投资方企业的"联营企业"。

读到这里，可能有读者会问，那存不存在父母亲"没有任何话语权"的孩子呢？当然有，那就是别人家的孩子，它就是我们之前所提及过的"金融资产"而非"长期股权投资"。可见，区别企业所持有的股份究竟是一项长期股权投资还是金额资产的判断依据就是企业是否对被投资方拥有"话语权"。

三、"长期股权投资"案例

在和广大读者朋友就"长期股权投资"进行了概念性的描述以及举例以后，接下来我们将和广大读者朋友一起来分享一些实际的案例。当然，我们在这里还是按照"控制""共同控制"和"重大影响"来分别进行举例的。

(一) 控制

相信对于广大读者而言,"天猫"和"淘宝"是再熟悉不过的购物平台,广大读者也都知道,它们是马云的商业帝国"阿里巴巴集团"旗下的9家全资子公司(即投资方持有被投资方100%的股权)中的2家。"阿里巴巴集团"对于"天猫"和"淘宝"当然有着绝对的控制力,"阿里巴巴集团"也能对"天猫"和"淘宝"在经营、财务以及人事任免等所有重大决策拥有"最终决定权"。

(二) 共同控制

相信广大读者朋友对于我国的"宇宙行"——中国工商银行都不会感到陌生。我们也都知道中国工商银行有很多"最"——全球业务收入"最"高的银行、全球经营网点数量"最"多的银行、全球雇佣员工数量"最"多的商业银行……。但是除了这"多宗最",了解工商银行背后股权结构的读者朋友可能并不是很多。中国工商银行最大的两个股东分别是"中华人民共和国财政部"和"中央汇金投资有限公司",它们分别持有中国工商银行34.6%和34.7%的股份。"中华人民共和国财政部"和"中央汇金投资有限公司"就像"中国工商银行"的双亲,他们中的任何一方都无法单独拥有中国工商银行在经营、财务以及人事任免等所有重大决策的"最终决定权",而是需要一起"共同控制"着中国工商银行,并共同作出中国工商银行的经营、财务以及人事任免等所有重大决策,从而为中国工商银行日常运作保驾护航,很显然,中国工商银行就是"中华人民共和国财政部"和"中央汇金投资有限公司"的"合营企业"。

（三）重大影响

较之于"控制"和"共同控制"，"重大影响"在理论层面并不存在明确的判断依据，在实务中，其一般默认的标准是"是否拥有一票否决权"。比如，我们所熟悉的"IMF"即国际货币基金组织，其章程就明确规定，IMF 所有的决议必须得到 85％ 的基金份额支持，也就是说，IMF 中任何一个股东国拥有 IMF 超过 85％ 的基金份额就可以"控制"该组织，但是 IMF 的第一大股东美国也仅仅拥有 16.50％ 的基金份额，也就是说，还没有任何一个股东国可以"控制"IMF。但是，如果我们反向思考就可以得到这样一个结论，任何一个股东国只要拥有了超过 15％ 的基金份额的股东国就等同于拿到了 IMF 的决议的"一票否决权"，所以，从这个角度来看，当今世界能够对 IMF 实施"重大影响"的股东国也只有美国一国。所以，如果我们做这样一个比喻，将各个股东国看成 IMF 的投资方企业，那么 IMF 就是美国这个股东国的"联营企业"。

本讲，我们就"长期股权投资"下的一些基本概念和广大读者朋友进行了一个分享，也希望能帮助广大读者朋友在以后系统学习"长期股权投资"内容的时候起到一点"提纲挈领"的指导性作用。最后，笔者也在这里用一个图表的方式来对今天的内容进行一个总结性的回顾，如表 18-4 所示。

表 18-4　"长期股权投资"总结

"话语权"程度	和投资方企业的关系	一般判断标准	备注
控制	子公司	持股比例大于 50％	股权比例不是唯一依据，具体要看投资协议的经济实质
共同控制	合营企业	共同控制方合计持股比例大于 50％	股权比例不是唯一依据，具体要看投资协议的经济实质

"话语权"程度	和投资方企业的关系	一般判断标准	备注
重大影响	联营企业	持股比例大于20%但是小于等于50%	股权比例不是唯一依据，具体要看投资协议的经济实质，实务中一般采用"一票否决权"为依据
无	非"长期股权投资"而是投资方的"金融资产"	持股比例小于20%	股权比例不是唯一依据，具体要看投资协议的经济实质

第 19 讲

说说"长投"那些事（下）："成本法"和"权益法"

在上一讲中，我们和广大读者朋友一起聊了聊什么是"长期股权投资"以及"长期股权投资"下的具体分类。在本讲中，我们将继续和大家一起聊"长期股权投资"。所不同的是，本讲我们会将"长期股权投资"下的会计核算特点和广大读者朋友来展开讨论。

通过之前一讲的内容分享，我们已经知道，按照投资方企业对被投资方企业所拥有的"话语权"，"长期股权投资"下的被投资企业具体可以分为三类，分别是"子公司""合营企业"以及"联营企业"。那么这三种"长期股权投资"的会计处理方式是否一样呢？答案显然是否定的。其中，对于"子公司"的"长期股权投资"的会计处理方法，我们一般所采用的是"成本法"；而对于"合营企业"和"联营企业"下的"长期股权投资"的会计处理方法，我们通常采用的是"权益法"。下面我们将分别对这两种方法为大家展开初步的描述。

一、成本法

成本法，更确切的说法叫"历史成本法"，顾名思义，成本法下会计核算最大的特点就是"长期股权投资"的账面金额会维持"历史成本"即最初的入账成本，也就是投资方企业取得"长期股权投资"时的那部分买价。只要后期没有发生增持或减持，那么这部分"长期股权投资"的账面余额就会维持不变，所以其会计核算也相对简单。

一般而言，在成本法下，只有当被投资方企业即子公司宣告派发现金股利的时候，投资方企业即母公司才需要进行账务处理，而且账务处理也并不涉及"长期股权投资"这个会计科目，仅仅是将收取或即将收取的股利确认为一项"投资收益"即可。

比如，A公司持有B公司80%的股权，能对B公司实施控制，A公司对B公司的长期股权投资采用"成本法"进行核算。现在假设本期B公司宣告派发现金股利10 000元。那么，在B公司宣告派发股利的当日，A公司未来可以收到的股利金额为8 000元（10 000×80%），需要编制的会计分录如下：

借：应收股利　　　　　　　　　　　　　　　　　　　8 000
　　贷：投资收益　　　　　　　　　　　　　　　　　　　8 000

二、权益法

较之于"成本法"下的会计核算，"权益法"下的会计核算则要复杂许多。在前面的分享中，我们已经知道"成本法"下的会计核算秘密其实就隐藏在"成本法"这三个字当中，同样，"权益法"下会计核算的秘密其实也全部隐含在"权益法"这三个字当中，那就是在"权益法"下，投资方的"长期股权投资"科目金额需要随着被投资方即"合营企业"或者"联营企业"的"所有者权益"的变化而同步做出相应的调整变化。

下面，我们就将"权益法"下的会计核算进行一个汇总归纳：假设A公司持有B公司30%的股权，能对B公司实施重大影响，B公司是A公司的联营企业，A公司所持有B公司的长期股权投资采用"权益法"进行核算。

（一）当"合营企业"或者"联营企业"实现净利润

这句话的意思是被投资企业也就是 B 公司在本期赚到钱了，其在财务会计上的表现就是当期的净利润为正数。同时，由于净利润会在期末结转到"利润分配——未分配利润"这个所有者权益科目中，所以被投资方的"利润分配——未分配利润"这个科目金额在本期也会增加。

这里的问题是，对于投资方企业 A 公司，它是怎么样让其"长期股权投资"科目的金额随着"合营企业"或者"联营企业"的所有者权益金额的变化而做相应的调整的？首先，A 公司需要按持股比例与 B 公司本期的净利润来确认"投资收益"的金额，并增加"长期股权投资——损益调整"这个明细科目的金额。之前的举例，假设本期 B 公司实现的净利润为 10 000 元。那么这时，A 公司需要确认的"投资收益"的金额为 3 000 元（10 000×30%），其会计分录如下：

借：长期股权投资——损益调整　　　　　　　　　　3 000

　　贷：投资收益　　　　　　　　　　　　　　　　　3 000

同时，由于"投资收益"本身也是一个损益类科目，所以其会在期末结转到投资方的"利润分配——未分配利润"中，也就是说，上面的会计分录经过调整以后最终的分录就是：

借：长期股权投资——损益调整　　　　　　　　　　3 000

　　贷：利润分配——未分配利润　　　　　　　　　　3 000

从上面这样一个分录中我们不难发现，不仅投资方企业的"长期股权投资"科目随着被投资方的所有者权益项目的金额变化而发生变化，投资方企业的"利润分配——未分配利润"也和"合营企业"或"联营企业"的"利润分配——未分配利润"一样同步变化，这就是"同步变化"的内在意义。

当然,如果"合营企业"或者"联营企业"在当期发生了净亏损而不是净利润,那么投资方企业只需要编制与实现净利润时借贷相反方向的会计分录即可。比如,B公司在本期发生了10 000元的净亏损,那么A公司需要编制的会计分录如下:

借:投资收益　　　　　　　　　　　　　　　　　3 000

　　贷:长期股权投资——损益调整　　　　　　　　　　　3 000

(二)当"合营企业"或者"联营企业"宣告派发"现金股利"

如果被投资企业B公司从它的"利润分配——未分配利润"中拿钱出来向股东进行分红,那么这样必然会导致B公司的"利润分配——未分配利润"金额的减少。对于A公司,其除了会从B公司处取得分红需要按持股比例确认"应收股利"以外,其"长期股权投资"的金额也要随之减少。假设本期B公司宣告派发股利10 000元,由于A公司持有B公司30%的股份,所以A公司可以收到的分红金额为3 000元,那么在宣告派发股利的当天,A公司需要编制的会计分录为:

借:应收股利　　　　　　　　　　　　　　　　　3 000

　　贷:长期股权投资——损益调整　　　　　　　　　　　3 000

值得注意的是,由于"合营企业"或者"联营企业"的"利润分配——未分配利润"的金额减少,所以投资方的"长期股权投资"的金额也跟着减少,且由于"利润分配——未分配利润"是企业历年损益类科目的积累,所以这里"长期股权投资"的明细科目也是"损益调整"。这样,A公司的"长期股权投资"还是做到了和B公司的所有者权益项目的"同步调整变化"。

（三）当"合营企业"或者"联营企业"的"其他综合收益"或者"资本公积"这两个所有者权益项目发生了变化

遵循"权益法"的基本原则，如果 B 公司的"其他综合收益"或者"资本公积"这两个所有者权益类项目发生了增减变化，那么不仅 A 公司的"长期股权投资"的金额需要按投其持股比例进行相应的增减变化，与此同时，A 公司的"其他综合收益"或者"资本公积"的金额也需要按其持股比例进行相应的增减变化。假设 B 公司本期的"其他综合收益"和"资本公积——其他资本公积"的金额各增加了 10 000 元和 5 000 元，那么 A 公司需要同步增加"其他综合收益"和"资本公积——其他资本公积"的金额分别是 3 000 元和 1 500 元，需要编制的会计分录如下：

借：长期股权投资——其他综合收益　　　　　　3 000
　　贷：其他综合收益　　　　　　　　　　　　　3 000

借：长期股权投资——其他权益变动　　　　　　1 500
　　贷：资本公积——其他资本公积　　　　　　　1 500

当然，如果 B 公司的"其他综合收益"和"资本公积——其他资本公积"这两项金额不是增加而是减少，那 A 公司也需要同步减少"其他综合收益"和"资本公积——其他资本公积"这两项金额，也就是说，A 公司需要编制借贷方向相反的会计分录。

从上面的内容分享中，我们不难发现，"权益法"的核算特点其实就在"权益法"这三个字本身。在权益法下，不仅投资方企业的"长期股权投资"科目需要与被投资方企业即合营企业以及联营企业的所有者权益科目做到"同步调整变化"，基于"有借必有贷"的账务处理基本原则，其对应科目也需要做到与合营企业或联营企业的所有者权益科目"同步调整变化"（被投资方宣告派发现金股利这项经济业务除外）。

在和广大读者朋友简单分享了"长期股权投资"的账务处理的特点以后，最后我们还是和上一讲一样，将用一个表格的形式来为广大读者朋友做一个总结性的归纳，如表 19-1 所示。

表 19-1 "成本法"和"权益法"的会计核算归纳

经济业务	成本法	权益法
被投资企业期末实现净利润	不需要进行账务处理	借：长期股权投资——损益调整 贷：投资收益
被投资企业宣告派发现金股利	借：应收股利 贷：投资收益	借：应收股利 贷：长期股权投资——损益调整
被投资企业期末"资本公积"项目增加	不需要进行账务处理	借：长期股权投资——其他权益变动 贷：资本公积——其他资本公积
被投资企业期末"其他综合收益"项目增加	不需要进行账务处理	借：长期股权投资——其他综合收益 贷：其他综合收益

第 20 讲

想说爱你不容易："避之不及"的增值税

本讲，我们将和广大读者朋友一起聊一个我国重量级的税种——增值税。

一、增值税的"前世今生"

增值税最早可以追溯到 1993 年 12 月 13 日中华人民共和国国务院令第 134 号公布，可以说，在我国增值税是一个"历史悠久"的税种，伴随着共和国的风雨历程一路走来，增值税和关税、消费税以及已经消失在历史长河中的"营业税"一起并称为"流转税"。

早在 2017 年我国正式取消营业税以前，增值税每年对我国的税收收入的贡献就在 40％以上，而 2017 年我国正式取消营业税以后，增值税对我国的税收贡献度更是超过了 50％，也正是基于增值税对于我国的税收贡献，增值税一直享有"中国第一大税"的美誉。

正如一个硬币的两面，有征税主体就必然有纳税主体。增值税对于我国巨大的纳税贡献也意味着作为企业的纳税主体所缴纳的税款中大部分是增值税，正是基于这样一个大前提，如何合理有效地降低增值税税负率也一直是我国企业税收筹划中永恒的主题。增值税对于企业而言，就如同一个风华正茂的少年在大街上偶然遇见那个"曾经的她"——想说爱你不容易。

二、我国增值税的征收特点

如果要做到合理有效地降低企业的增值税税负率，我们首先要做的就是了解我国增值税的征收特点。在我国，增值税纳税人可分为两类，分别是增值税小规模纳税人和增值税一般纳税人。增值税小规模纳税人的核算相对简单，其计算公式如下：

当期应交增值税＝当期收入×征收率

对于增值税一般纳税人，其核算就比小规模纳税人来得复杂一些。本讲，我们将主要针对增值税一般纳税人来和广大读者朋友一起分享其增值税税收筹划方案。对于增值税一般纳税人，其增值税的征收特点为需要分别核算其销项以及进项金额（按简易征收办法征收的项目除外），具体计算公式如下：

当期应交增值税＝当期销项税额－当期进项税额

其实通过上面增值税的计算公式，我们似乎可以得到这样一个启示，针对增值税一般纳税人，我们其实可以分别从"进"和"销"这两端分别入手，进行税收筹划，从而达到合理有效降低总体增值税税负率的目的。

三、"进项"税收筹划方案

在"进项"端，企业增值税进项税额的来源主要有两个出处，一处是票据，这样的票据主要包含：

(1) 增值税专用发票；
(2) 机动车统一销售发票；
(3) 海关专用缴款书。

还有一处是计算和加计抵扣，主要包含：

（1）农产品销售发票或收购发票的计算抵扣；

（2）道路通行费的计算抵扣；

（3）政策性抵扣，如 2019 年度财政部、税务总局颁布的财税 39 号文件，允许我国的现代服务性企业和生活服务性企业分别享受进项税额 10% 以及 15% 的进项税额加计抵扣政策。比如，一家现代服务性企业当期的进项税额为 10 万元，其适用的加计抵扣率为 10%，那么该企业当期所能实际抵扣的进项税额为 11 万元［10×（1＋10%）］。

基于公式"当期应交增值税＝当期销项税额－当期进项税额"，如果企业希望当期所需要缴纳的增值税较少，那么"进项税额"则是多多益善。但是在"进项"端，企业能做的相对有限，概括起来，无非是以下两点：

（1）确保票据的合法合规，尽可能要求上游供应商开具增值税专用发票，因为只有增值税专用发票才是企业可以进行进项税额抵扣的合法票据（增值税普通发票不可以进行进项税额抵扣）；

（2）充分利用政策性税收优惠（包括计算抵扣以及政策性抵扣政策）。

四、"销项"税收筹划方案

在"销项"端，企业的销项税额是由其当期的业务收入与业务收入所适用的增值税税率所决定的，其公式如下：

$$销项税额＝当期收入×适用增值税税率$$

需要说明的是，对于企业的不同销售业务，其所适用的增值税税率也各不尽相同。我国目前的增值税税率有四档，分别是：

(1) 13%；

(2) 9%；

(3) 6%；

(4) 零税率。

由于企业的不同经营业务活动分别适用不同的增值税税率，所以企业完全可以将业务进行"分解"甚至于对业务进行"重组"来实现合理降低增值税税负率的目的。下面，我们就将通过两个案例来和广大读者进行探讨。

案例一

A 企业是一家商品批发型企业，该企业会根据客户的要求安排送货上门服务，但是由于该企业本身并没有专门的物流团队，所以会聘请外部第三方物流企业 B 进行配送。假设该企业由于配送业务额外向客户收取了 1 万元，同时向第三方物流企业 B 支付了 1 万元。按照我国现行税法，该行为属于"混合销售"行为，也就是说，A 企业因为提供物流运输服务而向客户所收取的 1 万元需要按其所销售的货物的税率缴纳增值税，假设其销售货物的增值税税率为 13%，那么该 1 万元的物流运输费需要缴纳的增值税税额 = 10 000 ÷（1 + 13%）× 13% = 1 150.44 元。与此同时，由于交通运输所适用的增值税税率为 9%，所以该 A 企业可以从物流公司 B 处取得的增值税专用发票上的进项税额 = 10 000 ÷（1 + 9%）× 9% = 825.69 元，也就是说，该商品批发企业需要为该笔运输服务费额外支付 324.75 元（1 150.44 - 825.69）的增值税。

在这个案例中，我们其实可以对业务进行一个分拆，什么意思呢？就是将"混合销售"行为分解成商品买卖业务和物流运输服务。对于商品买卖业务，企业按 13% 的税率缴纳增值税；对于物流运输服务，A 企业可以为客户直接联系第三方物流企业 B，并要求客户将 10 000 元的运费直接支付给该物流企业。当然，A 企业、物流公司以及客户之间也可以签署一个三方协议，并在该协议中约定，A 企业仅仅是代收代付的一方，这样，A 企业就可以避免由于代收运输费用而额外多缴纳增值税。

案例二

A 企业是一家商品流通企业，其每月会从上游供应商 B 处购入商品销售给下游客户，假设其每月采购的商品的不含税金额为 50 万元，同时，A 企业又会以 100 万元的不含税金额向下游客户进行销售，假设该商品所适用的增值税税率为 13%。在这个案例中，A 企业每个月的销售商品增值税销项税额为 13 万元（100×13%）；同时，其可以从其供应商 B 处取得的增值税进项税额为 6.5 万元（50×13%），也就是说，A 企业每个月需要实际缴纳的增值税税额为 6.5 万元（13－6.5）。

现在，如果 A 企业转换商业模式即对原有业务进行重组，和上游供应商所采用的不再是传统的采购业务模式而是"代销"的商业模式。新模式下，A 企业每个月采购商品的不含税金额变为 100 万元，其也是以不含税金额 100 万元对外进行销售。同时，A 企业每月向上游采购方 B 企业收取货物采购金额 50% 的推广服务费。经过重组以后，A 企业由于销售商品的增值税销项税额仍然为 13 万元，同时，其可以从其供应商 B 处所取得的增值税进项税额变为 13 万元（100×13%），所以对于采购销售业务，A 企业不再需要缴纳任何的增值税。与此同时，由于 A 企业额外向 B 企业收取了 50 万元（100×50%）的推广服务费，但是由于推广服务所适用的增值税税率为 6%，所以，由于该笔业务，A 企业需要缴纳的增值税销项税额仅仅为 3 万元（50×6%）。

通过业务的重组，A 企业节省了 3.5 万元（6.5－3）的税收成本，相当带来了 3.5 万元的节税收益，但是与此同时，A 企业也需要先向 B 企业垫付 50 万元的资金。但是，只要 A 公司因为垫付该资金的资金成本小于 3.5 万元或低于 7%（3.5÷50×100%）的资金成本率，那么该方案还是具有可行性的。

当然，在实务中，商业模式的重组方案可能需要取决于交易双方的博弈能力等诸多因素的影响，这里仅仅是向广大读者朋友提供一个增值税税收筹划的思路。

最后，笔者在这里要告诫广大读者的是，在企业的日常经营活动中，我们既需要进行税收筹划从而合理降低企业的税负水平，但是也需要依法履行纳税的义务。

第21讲

企业的"家底清单"：资产负债表

本讲开始，我们将和大家一起聊一聊企业的财务报表。我们知道，会计核算的最终成果就是一张张"财务报表"，而财务报表本身也是企业对外公布的最主要的财务信息，甚至是唯一的财务信息。财务报表具体包括资产负债表、利润表、现金流量表以及所有者权益变动表。其中，所有者权益变动表一般只对上市企业做编制要求，且较之于其他报表，其编制也相对简单，故在本书的讲解中也将不展开赘述。除了所有者权益变动表，我们在这里会对资产负债表、利润表以及现金流量表即我们所俗称的"三大报表"和广大读者展开讨论。

一、资产负债表的原理和列报格式

我们首先要和大家聊的是企业的"资产负债表"。我们先一起来看一看资产负债表的列报格式，如表 21-1 所示。

表 21-1　企业的资产负债表

资产负债表					
编制单位：		年　月　日			单位：元
资产	上年年末余额	期初余额	负债和所有者权益	上年年末余额	期初余额
流动资产：			流动负债：		
货币资金			短期借款		

（续表）

资产	上年年末余额	期初余额	负债和所有者权益	上年年末余额	期初余额
交易性金融资产			交易性金融负债		
衍生金融工具			衍生金融负债		
应收票据			应付票据		
应收账款			应付账款		
应收款项融资			预收款项		
预付款项			合同负债		
其他应收款			应付职工薪酬		
存货			应交税费		
合同资产			其他应付款		
持有待售资产			持有待售负债		
一年内到期的非流动资产			一年内到期的非流动负债		
其他流动资产			其他流动负债		
流动资产合计			流动负债合计		
非流动资产：			非流动负债：		
债权投资			长期借款		
其他债权投资			应付债券		
长期应收款			其中：优先股		
长期股权投资			永续债		
其他权益工具投资			租赁负债		
其他非流动金融资产			长期应付款		
投资性房地产			预计负债		
固定资产			递延收益		
在建工程			递延所得税负债		
生产性生物资产			其他非流动负债		
油气资产			非流动负债合计		
使用权资产			负债合计		
无形资产			所有者权益		

（续表）

资产	上年年末余额	期初余额	负债和所有者权益	上年年末余额	期初余额
开发支出			实收资本		
商誉			其他权益工具		
长期待摊费用			其中：优先股		
递延所得税资产			永续债		
其他非流动资产			资本公积		
非流动资产合计			减：库存股		
			其他综合收益		
			专项储备		
			盈余公积		
			未分配利润		
			所有者权益合计		
资产总计			负债和所有者权益总计		

通过上面的表格，我们不难发现，整个资产负债表其实是被切分成了左右两半。其中左边的是企业的"资产"项，右边的是企业的"负债"和"所有者权益"这两项，左边的合计金额等于右边的合计金额，所以，资产负债表的设计依据其实就是"资产＝负债＋所有者权益"这样一个会计静态恒等式。在之前的讲解中，我们也已经知道，"负债"和"所有者权益"代表的都是企业资金的来源，而"资产"代表的是企业资金的去向，说得更简洁一些，如果将企业比作一个家，那么资产负债表就是这个家在具体某个时点的家底清单，家底清单的左边告诉我们这个家还有哪些"家底"，比如银行存款还有多少、房产价值是多少、汽车价值是多少……；家底清单的右边则是告诉我们买这些家底的钱都是从哪里来的，是借来的（负债）还是股东投资进来的（所有者权益）。

在简单了解了资产负债表的基本原理以后，我们再来看一看资产负债表的特点。我们在之前的讲解中已经提及，区别于利润表和现金流量表，资产负债表中各个项目的金额是一个"期末余额"即"存量"的概念，它们所代表的是具体某一个时点（一般为期末）的时点数。在英语中，资产负债表被翻译成"balance sheet"，笔者之前在讲授资产负债表的时候问过很多学员这样一个问题：这里的"balance"的含义具体是什么？几乎所有的学员都认为这里的"balance"是"平衡"的意思，因为资产负债表左边的"资产总计"金额必然等于右边的"负债和所有者权益总计"金额，所以资产负债表就是一张"左右平衡表"。这样的理解固然没有什么问题，但是这里的"balance"的含义绝不仅仅局限于"平衡"的意思，这里的"balance"其实还有另一层含义。在英语中，"balance"不仅可以被翻译成"平衡"，其还有另外一个解释即"remaining amount"，翻译过来正是"余额"的意思，所以资产负债表不仅仅是一张"平衡表"，更是一张期末的"余额表"。

在了解了资产负债表的设置原理以后，我们再来探讨资产负债表的结构特点。在"资产""负债"以及"所有者权益"这三大项中，除了"所有者权益"以外，"资产"以及"负债"都分别按"流动性"被划分为"流动资产"和"非流动资产"以及"流动负债"和"非流动负债"。那么问题来了，这里的"流动性"具体指什么？我们都已经知道，会计所反映的是企业抽象的资金运动，会计项目则是资金运动的具体化身，对于任何一个会计项目，其运动的起点和终点都是企业的资金就是企业的"钱"。

我们就以资产中的"存货"这个项目来举例。假设企业购买了一批原材料，那么在该笔经济业务中，企业为购买这批原材料所花费的钱其实就是它的资金起点。当然，企业会用这批买来的原材料加工成产品对外销售，而收到的销售货款其实就是它的资金终点。这时，这批"存货"也完成了从采购到销售这样的一个商业闭环，这个商业闭环所需要的时间就是

我们常说的经营周期或变现周期，"存货"的商业闭环图解如图 21-1
所示。

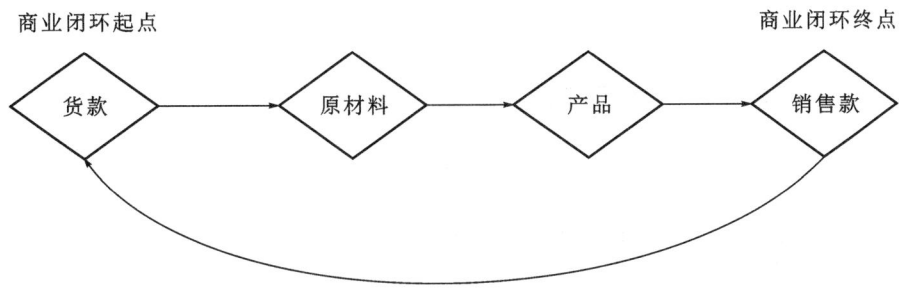

图 21-1　存货商业环路图解

对于那些变现周期在一年（有时也可以是长于一年的经营周期）以内
的报表项目，我们将其归类为"流动"项目也就是"流动资产"和"流动
负债"；反之，对于那些变现周期大于一年（有时也可以是长于一年的经
营周期）的报表项目，我们则将其归类为"非流动项目"也就是"非流动
资产"以及"非流动负债"。通过这样的讲述，我们也就不难理解，为什
么"所有者权益"不再需要区分"流动"以及"非流动"，因为对于"所
有者权益"中的项目，其资金起点是股东向企业所进行的投资，而终点则
是企业在最终清算时股东所收回的投资和留存在企业尚未分配的利润，也
就是说，对于"所有者权益"中的项目，其商业闭环和企业的生命周期是
一致的即企业从成立到终结的整个存续期间。同时，基于"持续经营"的
会计假设，企业的经营应该是无限期的，所以对于"所有者权益"类项目
而言，其一般都无法在一年内实现最终的变现，因此，所有的"所有者权
益"类项目都是"非流动"性的。

当然，对于"资产"以及"负债"的各个项目，其除了被分类为"流
动"以及"非流动"两类以外，其内部的排列顺序也是按流动性的强弱即

变现能力由强到弱进行排列。我们就以"流动资产"为例，排在第一位的当然是变现能力最强的"货币资金"，然后依次是"交易性金融资产""衍生金融工具"……直到"持有待售资产"等。

二、资产负债表的编制

在聊完了"资产负债表"的设计原理和结构特点以后，接下来就是如何编制"资产负债表"的问题了，说得通俗一些，就是资产负债表里面各个项目的金额究竟怎么填。其实，对于资产负债表中的大部分项目，其金额就是对应的会计科目的期末余额。比如，资产负债表中"短期借款"的金额其实就是企业账上"短期借款"的期末余额，这里，我们就针对一些特殊项目的填制方法和广大读者进行讨论。

(1) 货币资金。这里的"货币资金"其实是一个广义的概念，具体是由"库存现金""银行存款"和"其他货币资金"这三个会计科目组成，所以资产负债表中的"货币资金"项目也是由这三个科目的余额所组成。比如，企业的"库存现金"金额为 10 万元、"银行存款"金额为 60 万元、"其他货币资金"金额为 80 万元，那么资产负债表中"货币资金"项目的金额就等于 150 万元。

(2) 应收账款、预收款项、应付账款、预付款项。"应收账款""预收款项""应付款项"以及"预付款项"都属于企业的往来款项，也就是企业与客户或供应商尚未结清的款项。它们的填报有一个规律，就是遵循"两收一对、两付一对"以及按照"明细科目余额方向"来进行填报的原则。

这里的"两收"指的是"应收账款"和"预收账款"，这里的"两付"指的则是"应付账款"和"预付账款"。对于"应收账款"和"预收账款"，其都是由企业的销售业务所形成的往来款项，前者是企业已经向客户发了货物或提供了服务但是尚未收到客户回款，后者则是企业事先收取了客户的款项但是尚未发货或提供服务；对于"应付账款"和"预付款项"，其都是由企业的采购业务所形成的往来款项，前者表示企业已经收到了供应商的货物或服务但是尚未支付款项，后者则表示已经向供应商支付了款项，但是尚未收到供应商的货物或服务。

那么，按照"明细科目余额"又是什么意思呢？由于账务处理的缘故，这四个会计科目可能会同时存在"借"和"贷"两个方向的余额。我们就以"应收账款"和"预收账款"为例，假设"应收账款"总账的科目余额为 30 万元，其中借方明细科目余额是 50 万元，贷方明细科目余额是 20 万元，"预收账款"总账的科目余额是 60 万元，其中借方明细科目余额是 40 万元，贷方明细科目余额是 100 万元。我们如果仔细推敲，就会知道，"应收账款"以及"预收款项"的借方明细余额都是"应收"性质的款项，而两者的贷方明细余额都是"预收"性质的款项，所以，资产负债表中"应收账款"项目的金额为 90 万元（50 + 40），"预收款项"项目的金额为 120 万元（20 + 100）。同理，对于资产负债表中的"应付账款"金额，其等于"应付账款"与"预付账款"的贷方明细余额之和；对于资产负债表中的"预付款项"金额，其等于"应付账款"与"预付账款"的借方明细科目余额之和。

当然，需要在这里说明的是，由于"应收账款"和"预付款项"都是资产类科目，所以还都需要减去相应的减值准备金额。

（3）存货。在所有资产负债表项目中，"存货"是一个大杂烩，因为其包含最多的会计科目，其主要包括的会计科目有"在途物资""材料采购""材料成本差异""原材料""生产成本""库存商品""存货跌价准备"等。

这么多的会计科目中，其中既有借方余额，也可能有贷方余额，而"存货"的金额的填报方式就是：将全部存货类科目的"借方"汇总金额减去全部存货类科目的"贷方"汇总金额。

比如，一家企业的"存货"项目涉及四个会计科目，分别是"原材料""库存商品""材料成本差异"以及"存货跌价准备"，这四个科目的余额分别为借方 100 万元、借方 50 万元、贷方 20 万元以及贷方 40 万元，那么资产负债表中"存货"这个项目的金额就等于（100 + 50）－（20 + 40）＝90 万元。

（4）固定资产、无形资产。"固定资产"和"无形资产"是企业最重要的长期资产。在资产负债表中，它们都是以"固定资产"和"无形资产"的净值来进行填列的。所谓"净值"，指的就是原值扣除备抵类科目余额以后的金额。

对于"固定资产"和"无形资产"，其备抵类科目有两个，分别是固定资产的"累计折旧"、无形资产的"累计摊销"以及固定资产的"固定资产减值准备"和无形资产的"无形资产减值准备"。假设企业的固定资产的原值金额是 100 万元，累计折旧金额是 30 万元，固定资产减值准备金额是 20 万元，那么在资产负债表中，"固定资产"的填列金额就是 100 － 30 － 20 ＝50 万元。

在列举了一些特殊资产负债表项目的填列方法以后，对于资产负债表的讲解也就可以暂时告一段落了，相信广大读者朋友对于企业的资产负债表也有了一定的了解。区别于其他财务报表，资产负债表是一张"静态"的财务报表，是企业在某个时点上的"家底清单"。

第22讲

企业的"盈利视频"：利润表

承上一讲，本讲我们将继续和大家一起聊聊财务报表。在上一讲中，我们聊了企业的资产负债表，本讲我们将和广大读者朋友聊一聊企业的另外一张主表——利润表。

一、利润表的原理和列报格式

和之前一样，我们还是首先来看一下企业的"利润表"的列报格式，如表22-1所示。

表22-1　企业的利润表

利润表		
编制单位：　　　　　　　　　　　年　月　　　　　　　　　　单位：元		
项　目	本期金额	上期金额
一、营业收入		
减：营业成本		
税金及附加		
销售费用		
管理费用		
财务费用		
投资收益		
公允价值变动收益		
资产减值损失		
资产处置收益		

（续表）

项　目	本期金额	上期金额
二、营业利润		
加：营业外收入		
减：营业外支出		
三、利润总额		
减：所得税费用		
四、净利润		

如果说，资产负债表是企业的"家底清单"，那么利润表就是企业的一段"盈利视频"。在之前的讲解中，我们已经知道，区别于资产负债表，利润表和现金流量表中各个项目的金额是一个"流量值"即一段特定时期内的发生额，而不是某一个具体时点上的存量数字，所以从这个角度上来说，资产负债表是一张"静态"的财务报表，"利润表"和"现金流量表"则都是"动态"的财务报表。同时，利润表又是一张反映企业特定时期内盈利能力的财务报表，所以如果我们说资产负债表是企业在某个时点的一张"家底清单"，那么利润表就是企业在一段时期内的"盈利视频"。

在对利润表进行了一个简单的介绍以后，我们现在就来看一看利润表究竟是怎么样告诉我们企业的整个盈利过程的，或者说，这段"盈利视频"究竟是怎么样被拍摄出来的？在英语中，利润表可以被表述为"income statement"，除了"income statement"，其还有另外一个表述"profit and loss statement"，直译过来就是"损益表"。从这个英语表述中，我们不难发现，利润表的本质其实就是所有"损益类会计科目"的汇总表格。在表22-1中，我们也可以清晰地看出，利润表采用的是一种"自上而下"的方式即从最初的"营业收入"开始，将各个损益类项目进行逐一列报，最终得出企业当期的"净利润"金额，这其实就是整个利润表的编制过程，或者说，是企业这一段"盈利视频"的整个拍摄过程。

　　对于利润表的排列顺序，笔者想在这里和广大读者分享一个自己的小小心得来帮助大家进行记忆。我们已经知道，利润表的格式是"自上而下"的，但是我们对于利润表的记忆方式却可以采用倒序即"自下而上"的方式，什么意思呢？就是我们可以从"净利润"出发，采用倒推的方式来记忆整个利润表的列报格式，如下：

　　　　净利润＋所得税费用＝利润总额

　　　　利润总额－（营业外收入－营业外支出）＝营业利润

　　在这里，我们用本期的全部"净利润"加上"所得税费用"就得到当期全部的"利润总额"；当期的"利润总额"是在"营业利润"的基础上加上"营业外收入"并减去"营业外支出"以后得到的，也就是说，本期"营业利润"就是由本期除"营业外收入""营业外支出"以及"所得税费用"以外的其他全部损益类科目所构成的。这就是我们记忆利润表列报结构的原理，如图 22-1 所示。

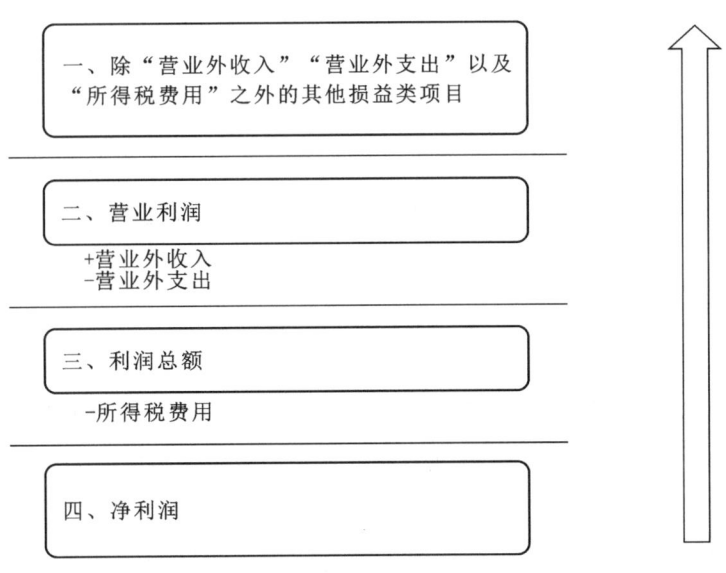

图 22-1　利润表记忆导图

二、利润表的编制

同资产负债表一样，利润表的编制问题其实就是利润表中各个项目金额的填报问题。较之于资产负债表，利润表的编制则相对容易，除了个别项目，大部分利润表项目的金额其实就是其所对应的会计科目在本期的全部发生额。比如，利润表中的"管理费用""销售费用"以及"财务费用"，也就是我们通常所说的企业经营过程中发生的"三费"，其金额就等于这三个会计科目在本期的全部发生额。接下来，我们就和大家一起来聊聊利润表中的这些项目。

（1）营业收入。"营业收入"是利润表的起点，其是会计科目"主营业务收入"和"其他业务收入"这两者的合计金额。区别于"营业外收入"的不可持续性，"营业收入"具有可持续性。

这里我们给广大读者朋友来举个例子，我们每个月所赚取的工资是我们的"营业收入"，因为工资具有可持续性，也就是说，在正常状态下，我这个月能领取到工资，下个月我同样能领取到工资；但是假如这个月我们因为买彩票中了 1 000 元的奖金，这个 1 000 元只能算是当期的"营业外收入"，因为彩票奖金不具有可持续性，这个月我因为买彩票能中奖，但是下个月我却未必能因为买彩票中奖。对于"持续性项目"和"不可持续性项目"，其还有另一个专有名词，就是我们能经常在上市企业的年报中读到的"经常性损益项目"和"非经常性损益项目"。

营业收入不仅仅是利润表的起点，很多时候也是企业进行财务预测的起点，很多其他财务数据都是以"营业收入"为依据来进行预测的。

（2）营业成本。与企业的"营业收入"直接对应的就是营业成本，通常有收入就会有成本，两者之间存在着一个直接的"匹配性原则"。比如，商品生产或流通企业销售商品，销售商品固然会给企业带来收入，但是也会产生成本，这里的成本就是售出商品的账面价值，其和收入存在"匹配性"，所以这部分商品的账面价值会被直接计入到利润表中的"营业成本"；服务型企业在对外提供服务的时候会给企业带来收入，同时也会产生成本，这里的成本就是直接提供服务的人员的薪酬以及其他成本。比如，影院播放电影，那么其"营业成本"就是放映工作人员的工资和电影的版权费用，因为正是影院播放工作人员的工作和电影的版权费用才给影院带来了放映收入，如果没有这两项，那么影院的收入自然也将无法保证。

(3) 管理费用、财务费用、销售费用。"管理费用""财务费用"以及"销售费用"是会计上俗称的三大"期间费用"，很多人简称其为企业的"三费"。区别于企业的"营业成本"，"三费"与企业的"收入"之间并没有直接的匹配对应关系。比如，企业行政管理人员的工资，由于企业的行政管理人员是对企业进行日常事务性的管理，所以其工作成果很难与企业的收入直接对应挂钩，这也是为什么其只能作为企业的"管理费用"而非"营业成本"来进行列支的原因。

(4) 投资收益。"投资收益"主要是企业进行各类金融资产投资所取得的收益，比如购买债券取得的利息、购买股票取得的股利以及将股票在以后期间进行出售所赚取的那部分差价。

(5) 公允价值变动收益。"公允价值变动收益"是一个利润表项目，其对应的会计科目是"公允价值变动损益"，两者仅仅一字之差。在日常的账务处理即编制会计分录的时候，我们所使用的是"公允价值变动损益"这个会计科目，其借方表示"损失"而贷方表示"收益"。在编制利润表的时候，我们所使用的是"公允价值变动收益"这个报表项目，对于收益，我们按"正数"在利润表中进行填列；对于损失，我们则是按"负数"在利润表中进行填列。

（6）资产减值损失。"资产减值损失"其实是会计信息质量要求"谨慎性原则"下的产物。在西方会计学中，"谨慎性原则"被翻译成"conservatism"，直译过来就是"保守主义"，谨慎性原则要求我们尽可能不要高估企业的资产和收入金额，也不要低估负债和费用的金额。对于企业的资产，《企业会计准则》要求我们按规定对其进行减值测试，有点类似我们每年的定期体检，一旦经过减值测试以后发现资产的实际价值低于其账面上的价值，我们就需要对这部分金额计提减值准备金额即"资产减值损失"，对资产进行减值测试就是"谨慎性原则"在会计实务中的最直接体现。

（7）资产处置收益。"资产处置收益"指的是企业出售其长期资产主要是企业的固定资产时所取得的收益。

（8）营业外收入、营业外支出。如果说"营业收入""营业成本"以及"期间费用"等都是企业的"持续性损益"或"经常性损益"，那么"营业外收入"和"营业外支出"就属于企业的"非持续性损益"或"非经常性损益"，比如，企业收到的捐赠属于"营业外收入"，对外进行捐赠则属于"营业外支出"。

（9）所得税费用。"所得税费用"是一个会计意义上的概念，可能会有读者朋友觉得，企业当期的所得税费用就等于企业当期实际需要交纳的企业所得税。那么这个观点是否正确呢？在 2006 年以前，这个观点是正确的，但是发展是事物永恒的主题，在 2006 年我国新的《企业会计准则》颁布以后，这个观点就不再适用。因为在 2006 年以前，我国对"所得税费用"的核算所采用的是"应付税款法"，什么意思呢？就是说，我们企业在进行纳税申报的时候，纳税申报表上面的"应纳税额"这一栏填写多少钱，那么当年利润表中的"所得税费用"也是多少钱。

但是到了 2006 年以后，新的《企业会计准则》对"所得税费用"的核算不再采用简单的"应付税款法"，而是更为复杂的"资产负债表债务法"，这也导致了利润表中的"所得税费用"可能与"纳税申报表"上的金额可能产生不一致。比如，企业预期今年的应收账款中有 10 万很可能无法收回，所以对"应收账款"计提了 10 万元的"坏账准备金"，但是站在税法的角度，由于这 10 万的"坏账准备金"并没有实际产生，只是企业基于"谨慎性原则"而进行的"未雨绸缪"，所以这 10 万元当然不能在税前进行扣除，要扣除只有到以后实际发生的时候才能予以扣除。假设今年纳税申报表上的"应纳所得税税额"为 20 万元，当年的所得税税率是 25%。站在税法的角度，企业当期实际需要缴纳的所得税为 5 万元（20×25%）；但是站在会计的角度，当期 10 万的坏账准备金也需要在当期进行扣除，所以当期的"所得税费用"其实只有（20 - 10）×25% = 2.5 万元。

讲到这里，我们就和广大读者朋友介绍完了利润表的所有内容，到这里我们也就完成了企业的整个"盈利视频"的拍摄过程。这里需要说明的是，当我们按下"停止"拍摄按钮的那一刻，动态的世界瞬间又切换到了一个静态的世界。在之前《"流量"与"存量"的会计化身："发生额"与"余额"》这一讲中，我们提及过这样一个法则：流量归于存量，所以，企业每期"利润表"中的"净利润"需要回归到资产负债表中的"未分配利润"中去，也就是说，如果没有未分配利润转增资本以及提取盈余公积等事项，那么资产负债表中的"未分配利润"的"期末余额"减去"期初余额"的金额就应该等于本期利润表中的"净利润"的金额，这也是资产负债表与利润表之间的一个重要勾稽关系。

第 23 讲

现金流量表的编制"秘籍"（上）：**直接法**

在上两讲中，我们分别和广大读者朋友讨论了"三大报表"中的资产负债表以及利润表。从本讲开始，我们将和广大读者一起聊一聊"三大报表"中的"现金流量表"。

提及现金流量表，相信学习过会计或者从事过会计实务工作的读者朋友都会有这样一个直观的感受，那就是较之于"资产负债表"以及"利润表"，"现金流量表"的编制要复杂得多。现金流量表也一直是困扰广大财务人员的一个难点。在接下来的两篇中，我们也将另辟蹊径，区别于传统的现金流量表的编制方法，和广大读者朋友一起探讨直接法以及间接法下现金流量表编制的"新思维"，一起来为大家揭晓现金流量表的编制"秘籍"。

一、什么是"现金"

在正式开始讨论编制现金流量表以前，我们先要和广大读者朋友聊一聊"现金"。"现金流量表"中的"现金"并非我们普通人概念中的"纸币和硬币"，这其实是一个狭义的"现金"概念，其对应的是会计科目中的"库存现金"。"现金流量表"中的"现金"则是一个广义的概念，具体包含了"库存现金""银行存款"以及"其他货币资金"这三个会计科目，其所对应的是"资产负债表"中的"货币资金"这个概念。

二、"直接法"下的现金流量表结构

现金流量表分为"直接法"和"间接法"下两种不同的列报格式。本篇，我们要和大家一起探讨的是"直接法"下的现金流量表的编制。在正式开始以前，我们首先还是一起来了解一下直接法下的现金流量表的具体内容以及列报格式，如表 23-1 所示。

表 23-1　"直接法"下的现金流量表格式

项　目	本期金额	上期金额
一、经营活动产生的现金流量：		
销售商品、提供劳务收到的现金		
收到的税费返还		
收到其他与经营活动有关的现金		
经营活动现金流入小计		
购买商品、接收劳务支付的现金		
支付给职工以及为职工支付的现金		
支付的各项税费		
支付其他与经营活动有关的现金		
经营活动现金流出小计		
经营活动产生的现金流量净额		
二、投资活动产生的现金流量：		
收回投资收到的现金		
取得投资收益收到的现金		
处置固定资产、无形资产和其他长期资产所收回的现金净额		
处置子公司及其他营业单位收回的现金净额		
收到其他与投资活动有关的现金		
投资活动现金流入小计		
购建固定资产、无形资产和其他长期资产所支付的现金		
投资支付的现金		

（续表）

项　目	本期金额	上期金额
取得子公司及其他营业单位支付的现金净额		
支付其他与投资活动有关的现金		
投资活动现金流出小计		
投资活动产生的现金流量净额		
三、筹资活动产生的现金流量：		
吸收投资收到的现金		
取得借款所收到的现金		
收到其他与筹资活动有关的现金		
筹资活动现金流入小计		
偿还债务所支付的现金		
分配股利、利润或偿付利息所支付的现金		
支付其他与筹资活动有关的现金		
筹资活动现金流出小计		
筹资活动产生的现金流量净额		
四、汇率变动对现金及现金等价物的影响		
五、现金及现金等价物净增加额		
加：期初现金及现金等价物余额		
六、期末现金及现金等价物余额		

从上表中，我们不难发现，直接法下现金流量表的项目其实是企业一系列的日常经营活动，诸如"销售商品、提供劳务""购买商品、接受劳务"以及"支付职工工资"等。在会计上，我们也将这一系列的经营活动项目称为企业日常的"交易或事项"，而企业会计人员所编制的一笔笔会计分录其实就是对企业交易和事项所进行的最直接和最原始的会计处理。讲到这里，我们或许可以收获这样一个启示，即我们其实可以尝试通过编制会计分录的方式来解决"直接法"下现金流量表的编制问题。

二、"直接法"下现金流量表的编制

在这里，我们将以"销售商品、提供服务收到的现金"以及"购买商品、接受劳务支付的现金"这两个项目为例，来和广大读者朋友来一起探讨直接法下现金流量表的编制问题。

1. 销售商品、提供服务收到的现金

相信学过会计的读者朋友都知道，在编制任何一笔会计分录以前，我们首先需要明确两个问题：

(1) 该笔经济业务中分别会用到哪些会计项目；
(2) 各个会计项目各自的借贷方向。

那么在"销售商品、提供服务收到的现金"这样一笔经济业务中，我们分别会用到哪些会计项目呢？在这笔经济业务中，我们可能会用到的会计项目主要有"货币资金""应收款项""预收款项""营业收入"以及"应交税费——应交增值税（销项税额）"等。这里的"货币资金"和"应收款项"都属于借方项目；"营业收入""预收款项"以及"应交税费——应交增值税（销项税额）"都属于贷方项目。所以，如果我们按照这些项目的借贷方向进行整理以后，就可以得到以下这样一个"会计分录"，即：

借：货币资金

　　应收款项

　　贷：营业收入

　　　　应交税费——应交增值税（销项税额）

　　　　预收款项

需要说明的是，这里的"营业收入"取自利润表，所以其本身就是一个"流量"的概念，而这里的"应收款项""预收款项"以及"应交税费——应交增值税（销项税额）"等均属于资产负债表项目或资产负债表项目的组成部分，所以我们需要采用这些项目的"期末余额"减去"期初余额"以后的金额，即当期的"增加额"来代替"流量"的概念。最后，基于"有借必有贷，借贷必相等"的会计基本核算原理，本期"销售商品、提供服务收到的现金"的计算公式如下：

$$\text{销售商品、提供服务收到的现金} = \text{"营业收入"} + \text{"应交税费——应交增值税（销项税额）"增加额}$$

$$+ \text{"预收款项"增加额} - \text{"应收款项"增加额}$$

"销售商品、提供服务收到的现金"公式图解，如图 23-1 所示。

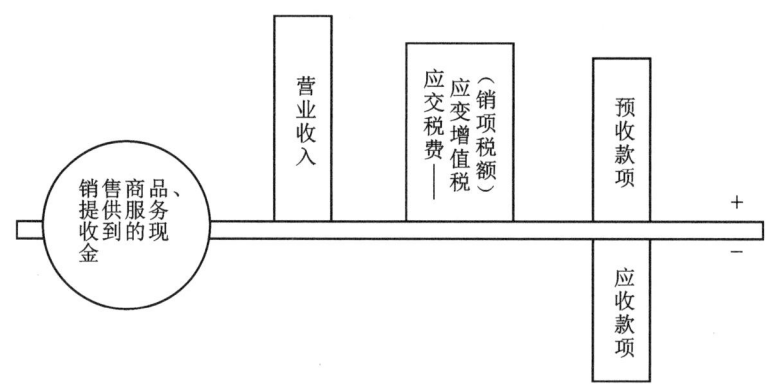

图 23-1 "销售商品、提供服务收到的现金"公式图解

2. 购买商品、接受劳务支付的现金

在了解了现金流量表项目中"销售商品、提供服务收到的现金"的计算原理以后，接下来我们再一起来看看"购买商品、接受劳务支付的现

金"这个项目的计算原理。

　　同样，在"购买商品、接受劳务"这项经济业务中，我们账务处理过程中可能会用到"货币资金""存货""应付款项"以及"预付款项""应交税费——应交增值税（进项税额）"这些会计项目。当然，如果我们购买的"存货"在本期发生了销售，那么在计算现金流量的时候可能还会用到"营业成本"这个会计项目。在这里，"存货""预付款项""应交税费——应交增值税（进项税额）"以及"营业成本"这些项目都属于借方会计项目。需要说明的是，"货币资金"本身是一个资产类项目，原则上也应该是一个"借方项目"，但是由于这里明确是企业所"支付的现金"，所以这里的"货币资金"就和"应付款项"一样是一个贷方会计项目，而不再是一个借方会计项目。最后，我们按照这些项目的借贷方向加以整理也可以得到以下这样一个"会计分录"，即：

借：存货

　　营业成本

　　预付款项

　　应交税费——应交增值税（进项税额）

　贷：应付款项

　　　货币资金

　　最后，沿用"销售商品、提供服务收到的现金"的计算原理，我们同样可以得到本期"购买商品、接受劳务支付的现金"的计算公式：

$$\begin{aligned}\text{购买商品、接受} \\ \text{劳务支付的现金}\end{aligned} = \begin{aligned}\text{"营业} \\ \text{成本"}\end{aligned} + \begin{aligned}\text{"存货"} \\ \text{增加额}\end{aligned} + \begin{aligned}\text{"应交税费——应交增值税} \\ \text{（进项税额）"增加额}\end{aligned}$$

$$+ \begin{aligned}\text{"预付款项"} \\ \text{增加额}\end{aligned} - \begin{aligned}\text{"应付款项"} \\ \text{增加额}\end{aligned}$$

"购买商品、接受劳务支付的现金"公式图解，如图 23-2 所示。

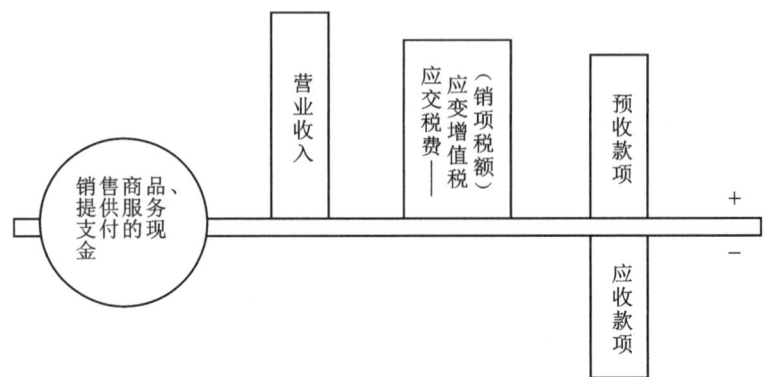

图 23-2　"购买商品、接受劳务支付的现金"公式图解

此外，我们需要注意的是，如果企业是一家生产型企业，其购入的是原材料，并在后期由生产工人加工成产成品，那么这部分记入到产成品的职工薪酬也需要在这里扣除，因为这部分金额其实是需要记入到"支付给职工以及为职工支付的现金"这个项目中而非"购买商品、接受劳务支付的现金"这个项目中的。

三、"直接法"下现金流量表的编制举例

在和广大读者朋友们探讨了直接法下现金流量表的编制原理以后，接下来我们就试着通过两个简单的例题来帮助大家加深对直接法下现金流量表编制的理解。

例题 1

本期主营业务收入为 1 250 000 元，本期所产生的销项税额为 212 500 元。

应收账款期初余额为 300 000 元，期末余额为 600 000 元，本期没有计提坏账准备金。

应收票据期初余额为 246 000 元，期末余额为 46 000 元。

请计算本期企业"销售商品、提供劳务收到的现金"。

依据"直接法"下现金流量表的编制原理，我们首先需要编制会计分录如下：

借：货币资金　　　　　　　　X

　　应收款项　　　　　　　　500 000 ［（600 000 − 300 000）+

　　　　　　　　　　　　　　（246 000 − 46 000）］

　　贷：营业收入　　　　　　　　　　　　　　　　1 250 000

　　　　应交税费　　　　　　　　　　　　　　　　　212 500

这里，我们假设本期"销售商品、提供劳务收到的现金"的金额是一个未知数 X，根据会计分录罗列方程就可以计算得到：X = 1 250 000 + 212 500 − 500 000 = 962 500 元。

例题 2

本期主营业务成本为 750 000 元，本期的进项税额为 100 000 元。

应付账款期初余额为 953 800 元，期末余额为 900 000 元。

应付票据期初余额为 200 000 元，期末余额为 300 000 元。

存货期初余额为 2 580 000 元，期末余额为 2 574 700 元，本期没有计提存货跌价准备。

请计算企业本期"购买商品、接受劳务支付的现金"。

同样，我们还是需要先编制会计分录，如下：

借：存货   5 300（2 580 000 － 2 574 700）

    营业成本   750 000

  贷：应付款项   －53 800（900 000 － 953 800）

    应付票据   100 000（300 000 － 200 000）

    货币资金   X

这里，我们假设本期企业"购买商品、接受劳务支付的现金"的金额是一个未知数 X，根据会计分录罗列方程就可以计算得到：X = 5 300 ＋ 750 000 － （－53 800）－ 100 000 ＝ 709 100 元。

本讲小结

对于直接法下现金流量表的各个项目，由于其所对应的是企业一类的经济交易或事项，而会计分录则是对经济事项或交易的直接反映，所以我们完全可以通过"记忆"会计分录的方式来解决直接法下的现金流量表的编制问题。"会计分录"是直接法下现金流量表的编制秘籍。

第 24 讲

现金流量表的编制"秘籍"（下）：间接法

在上一讲中，我们已经和广大读者朋友探讨了如何编制直接法下的现金流量表，这一讲我们将继续和广大读者探讨怎样编制间接法下的现金流量表。

一、"间接法"下的现金流量表结构

和上一讲一样，在和广大读者朋友正式开始讨论间接法下的现金流量表以前，我们还是先来了解一下间接法下的现金流量表的内容以及列报格式，如表 24-1 所示。

表 24-1　间接法下现金流量表的格式

现金流量表补充资料	本期金额	上期金额
将净利润调节为经营活动现金流量		
净利润		
加：资产减值准备		
无形资产摊销		
长期待摊费用摊销		
处置固定资产、无形资产和其他长期资产的损失		
固定资产报废损失		
公允价值变动损失		

（续表）

现金流量表补充资料	本期金额	上期金额
财务费用		
投资损失		
递延所得税资产减少		
递延所得税负债增加		
存货的减少		
经营性应收项目的减少		
经营性应付项目的增加		
其他		
经营活动产生的现金流量净额		

从上表中，我们不难发现，间接法下的现金流量表的整体结构其实是从企业的"净利润"出发，通过对资产负债表以及利润表各个项目进行增减变动的调整，逐步计算得出"经营活动产生的现金流量净额"。

二、"间接法"下现金流量表的编制

较之于直接法下的现金流量表，"间接法"下现金流量表最大的特点是需要从财务报表的整体出发而不再仅仅拘泥于一个个具体的交易或者事项。也就是说，我们不能再通过编制会计分录来解决间接法下的现金流量表的编制问题，而需要结合资产负债表、利润表与现金流量表这三者之间的勾稽关系来完成对间接法下现金流量表的编制。

那么，这三张报表之间究竟存在着怎么样的勾稽关系呢？这里，我们不妨回到会计基础理论讲解中的第四讲，其中提到了一个资金守恒定律，即"资产＋费用＝负债＋所有者权益＋收入"。其实在那一讲中，我们在篇幅的最后也提及这个会计恒等式是我们打开现金流量表编制的钥匙，更确切地说，会计动态恒等式应该是打开编制间接法下现金流量表的钥匙，或者说，间接法下现金流量表的秘密其实就隐藏在"资金守恒定律"中。那么，接下来我们就一起先来回顾一下这个公式。

首先，我们不妨对这个恒等式做一个变形，即"资产＝负债＋所有者权益＋收入－费用"，由于企业全部的"收入"减去"费用"（需要说明的是，这里的"收入"是一个广义的概念，包括利润表中所有的收益类项目；这里的"费用"也是一个广义的概念，包括利润表中所有的"成本""费用"以及其他损失类项目）就等于企业的"净利润"，同时，又由于资产可以被拆分成"货币资金"和除"货币资金"以外的"其他资产"，所以，会计动态恒等式最终可以变形为：

$$资产＋费用＝负债＋所有者权益＋收入$$
$$\downarrow$$
$$（货币资金＋其他资产）＋费用＝负债＋所有者权益＋收入$$
$$货币资金＝负债＋所有者权益＋（收入－费用）－其他资产$$
$$\downarrow$$
$$货币资金＝净利润＋负债＋所有者权益－其他资产$$

会计动态恒等式的变形如图 24-1 所示。

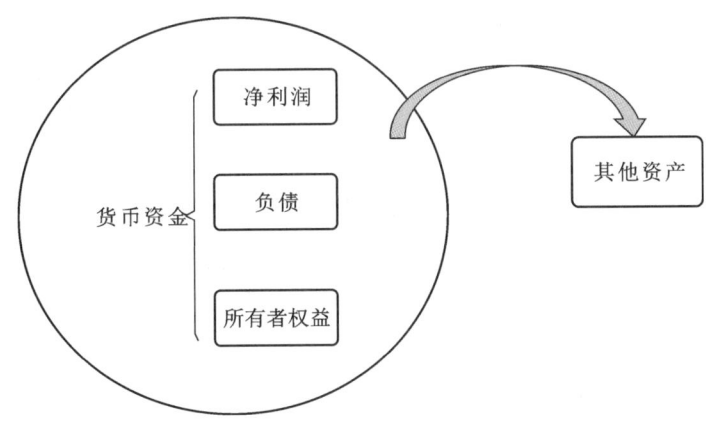

图 24-1　会计动态恒等式变形图解

通过这样的等式变形，我们就不再难理解，为什么在编制间接法下的现金流量表时，我们需要加上经营性负债的增加，同时需要加上除货币资金以外其他经营性资产的减少，其本质还是资金守恒原理的体现，同时通过这样的恒等式变形也非常容易帮助我们进行记忆。

当然，需要在这里说明的是，"资产减值准备""固定资产折旧""无形资产摊销""长期待摊费用摊销"这些项目都是对应的长期资产在当期的减少金额即贷方发生额，而不是报表上简单地取数，即用资产负债表中的"固定资产""无形资产"以及"长期待摊费用"的"期末余额"减去"期初余额"以后的金额。这是因为"固定资产""无形资产"以及"长期待摊费用"这些企业的长期资产可能会在本期有增加即存在借方发生额，而"固定资产""无形资产"以及"长期待摊费用"等长期资产的增加其实是由于企业在本期新购置了"固定资产"等长期资产，企业购置长期资产其实是企业的一项投资活动而非经营活动，由于间接法下的现金流量表的最终核算结果是"经营活动产生的净现金流量"，所以这部分金额当然不会出现在"间接法"下现金流量表的计算当中。此外，"处置固定资产、无形资产和其他长期资产的损失""固定资产报废损失"以及"投资损失"等也都隶属于企业的投资活动所产生的现金流而非经营活动所产生的现金流，但是企业在计算"净利润"的时候已经将其作为"费用"进行了扣除，所以我们在计算经营活动现金流量的时候需要将这部分金额再重新加上。

除了企业的长期资产，企业的"财务费用"一般是企业的融资费用，比如支付的借款利息等，也就是说，这部分金额应该归属于企业的筹资活动项目而非经营活动项目，但是由于其在计算企业"净利润"的时候已经做了扣除，所以这里也需要在净利润的基础上予以加回。至于"所有者权益"这个项目，其主要是企业的股东对企业的投资，所以其本身就是企业的筹资活动而非经营活动的结果，因此在这里需要进行整体的剔除。

最后，经过上面的整理，我们就得到了间接法下现金流量表的编制全过程，也就是间接法下现金流量表的编排顺序。

三、"间接法"下现金流量表的编制举例

相信经过以上的讲解，广大读者对间接法下现金流量表的编制已经有了一个初步的认识。下面，我们还是通过一个案例来加深大家对间接法下现金流量表的编制方法的理解：

某企业当期净利润为 600 万元。

其中投资收益为 100 万元。

与筹资活动相关的财务费用为 50 万元。

经营性应收项目增加 75 万元。

经营性应付项目减少 25 万元。

固定资产折旧为 40 万元。

无形资产摊销为 10 万元。

除此以外没有其他影响经营活动现金流量的项目。

这里，"投资收益"属于"投资活动"的项目，但是在计算"净利润"的时候是加上了这部分金额，所以在计算"间接法"下的现金流量表的时候需要在净利润的基础上减去；同时，由于"财务费用"属于"筹资活动"的项目，但是在计算"净利润"的时候是减去了这部分金额，所以在计算"间接法"下的现金流量表的时候需要在净利润的基础上再加回这部分的金额。

经过上面的调整，该例中最后"经营活动所产生的净现金流量" ＝

600－100＋50－75＋（－25）＋40＋10＝500 万元。

对于直接法下的现金流量表，我们可以通过编制相关交易的会计分录来解决；对于间接法下的现金流量表，我们则可以通过资金守恒定律，即"资产＋费用＝负债＋所有者权益＋收入"这样一个会计动态恒等式来作为切入点，在净利润的基础上加上经营性负债的增加额和经营性资产的减少额，同时，对于一些特殊项目进行特殊考虑。

如果说直接法下的现金流量表的编制的"秘籍"是"会计分录"，那么间接法下现金流量表的编制的"秘籍"就是"资金守恒定律"。

第 25 讲

合并财务报表（上）：拿走我的彩礼，带上你的嫁妆[①]

　　本讲开始，我们将和广大读者朋友聊一个会计学中"高大上"的话题：合并财务报表。相信学过会计或者从事过会计工作的读者一定都知道，合并财务报表的编制可以说是整个会计学中最难啃的一块骨头，也正因为如此，"合并财务报表"作为会计学中的"武林至尊"一直令人望而生畏。但是究其本质，合并财务报表其实也只是一份普通的财务报表而已，它也一样是由资产负债表、利润表、现金流量表以及所有者权益变动表所组成。那么它和"一般"的财务报表也就是个别财务报表的区别在哪里呢？其实两者的区别就体现在一个会计假设之上：会计主体。

一、合并报表的"会计主体"

　　在之前的讲解中，我们已经知道会计核算有四大假设，其中"会计分期"假设定义了会计核算的"时间范围"，通俗地说，就是核算哪一段时间内的账务。同样，"会计主体"假设则是定义了会计核算工作的"空间范围"，通俗地说，就是明确核算哪家企业的账务。那么，"会计主体"究竟有哪些呢？根据会计的定义，会计是给企业记账的工作，那么"会计主

---

　　① 本讲的合并报表仅仅指"非同一控制下的企业合并"所形成的"合并报表"，不涉及"同一控制下的企业合并"所形成的合并报表。

体"似乎就应该是一家家独立的企业。其实，这个认识未免有点狭隘，一家家独立的企业固然是"会计主体"，但是"会计主体"的范围却并不局限于一家家独立的企业，也包括一个分公司、一个生产车间、一个业务单元甚至于一条生产线等，这些其实都可以是一个个"会计主体"。

那么，合并财务报表的"会计主体"又是谁呢？就是一家家独立的企业通过控制关系所组成的"企业联盟"，其中绝大部分的"控制关系"是通过"股权控制"来实现的。读到这里，可能有读者朋友会问，那不就是"长期股权投资"下的"控制"关系所形成的母子公司吗？说得一点也没有错，这里的"企业联盟"其实就是由母子公司组成的"企业联盟"，也就是说，合并财务报表就是将母子公司形成的"企业联盟"视为一个"会计主体"，专门为母子公司组成的"企业联盟"而编制的财务报表。

二、合并报表的编制

在明确了合并报表的会计主体以后，接下来我们就和大家聊一聊合并报表的编制。

在之前"长期股权投资"的讲解中，我们已经知道，无论投资方企业对被投资方最终拥有什么程度的"话语权"，在形式上，都是一家企业去购买另一家企业的股权。但是，对于"控制"下的股权收购行为，其更为贴切的描述是一家企业收购了另一家企业的净资产。读到这里，可能有读者会产生这样的疑问，既然会计恒等式的组成是："资产＝负债＋所有者权益"，那么一家企业的股权价值不就应该等于净资产的价值吗？这样理解当然没有错，因为在数值上，这两者一定是相等的，关键在于二者的本质意义上的区别，这里的区别其实就是"长期股权投资"和"金融资产"的区别。

这里我们先给广大读者朋友举两个例子，对于我们散户而言，我们购买万达集团的股票无非是为了获得分红和等以后股票价格上涨我们再将其对外出售，也就是赚取资本利得。在我们持有了万达集团的股票以后，我们也就顺理成章地成为了万达集团的股东，但是我们持有万达集团的股票的目的并不是直接参与万达集团的经营，直接经营万达集团的是万达集团的董事长王健林，也就是说，我们持有万达集团的股票的目的是让王健林来帮助我们实现"赚一个亿的小目标"，所以万达集团的股票对于我们而言就是一项"金融资产"而非"长期股权投资"。

上面我们举了万达集团的例子，我们现在再来看看我们再熟悉不过的"天猫"和"淘宝"这两家电商平台，它们的股东是阿里巴巴集团，阿里巴巴集团持有"天猫"和"淘宝"的股份并不是简单地为了分红和等以后股票价格上涨再将其出售，而是为了直接参与"天猫"和"淘宝"的经营，也就是说，阿里巴巴集团持有"天猫"和"淘宝"的股票是为了能依靠自己的力量来实现"赚一个亿的小目标"，所以"天猫"和"淘宝"的股票对于阿里巴巴集团而言就是一项"长期股权投资"而非"金融资产"。

可见，区别"金融资产"和"长期股权投资"的依据就是投资方能否参与被投资方的生产经营活动。虽然在形式上，两者都是一家企业持有其他企业的股权，但是对于"长期股权投资"，投资方持有被投资方企业的股权是为了控制被投资方企业的资产，最终实现参与被投资企业生产经营的目的。当然，投资方在承袭了被投资方的资产即享有资产带给投资方的权利和收益以后，也同时需要继承被投资方的负债即承担相应的义务，这也就是为什么控制下的长期股权投资的实质是购买其他企业的"净资产"。

有了上文的铺垫，现在我们再回来看这一讲的主题——"拿走我的彩礼，带上你的嫁妆"，这个题目是不是意味着合并报表的编制就如同举办一场"婚礼"呢？说得一点不错，那么这里的"彩礼"究竟是什么呢？当然是作为投资方的母公司最初在收购子公司的股权时所支付的对价，即"长期股权投资"，那么"嫁妆"又是什么呢？相信很多读者已经猜到，那就是作为被投资方的子公司的全部净资产。

这里，我们不妨先抛开母子公司的定义，而是将投资方企业与被投资方企业假想成一对即将步入浪漫婚姻殿堂的新人，"新郎"即母公司拿着彩礼，向"新娘"即子公司进行一个浪漫的求婚，"新娘"答应了爱慕已久的"新郎"的求婚，带上她所有的嫁妆和"新郎"远走高飞，从此开启幸福的生活，而"新郎"的彩礼则全部留给了"新娘"的父母，也就是被投资企业的原股东以感谢他们对"新娘"那么多年的养育之恩，这就是编制合并日合并报表的基本思路和原理，如图 25-1 所示。

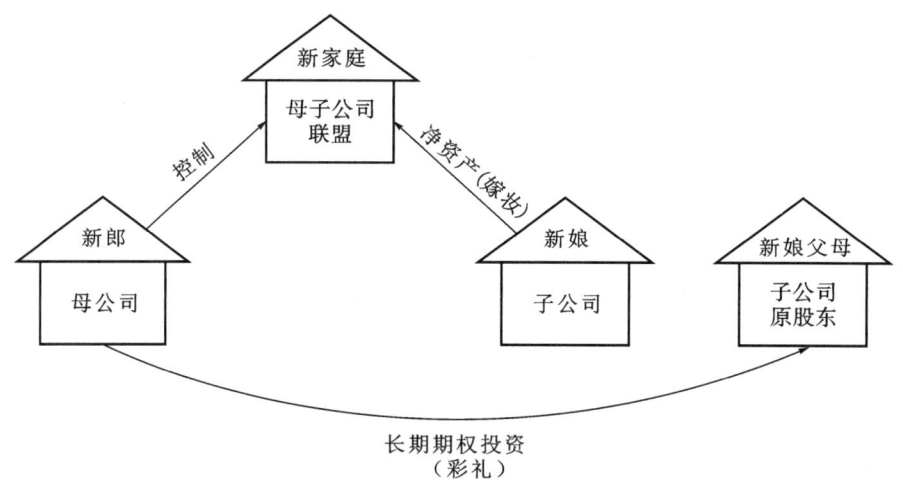

图 25-1　合并报表编制原理图解

三、合并报表的编制举例

在简单和读者朋友描述了合并日合并报表的基本编制原理以后，接下来，我们不妨通过一个简单的举例来说说合并资产负债表究竟是如何编制的。

假设合并前，母公司 A 即"新郎"的资产总计是 100 万元，负债总计是 30 万元，所有者权益合计是 70 万元；子公司 B 即"新娘"的资产总计是 50 万元，负债是 20 万元，所有者权益合计是 30 万元，如表 25-1 所示。

表 25-1　合并前母子公司资产负债表

合并前		单位：万元
项目	A 公司	B 公司
资产	100	50
负债	30	20
所有者权益	70	30

现在，假设"新郎"拿出 30 万元"彩礼"收购了 B 公司全部的股权。这时，A 公司的资产中，"银行存款"减少了 30 万元而"长期股权投资"增加了 30 万元。但是，由于"彩礼"是给了"新娘"的父母，同时"新郎"和"新娘"婚后成立了自己的新家庭，所以这里的"彩礼"自然也就不再归属于他们的新家庭，即我们之前提及的"企业联盟"，因此，这时"长期股权投资"自然就不能再出现在合并报表中，需要在合并报表中予以全部剔除。同时，"新娘"的父母也就是 B 公司的原股东在收到"新郎"所馈赠的彩礼以后也将自己女儿的一生托付给了"新郎"，并表示不会要求女儿再对他们进行任何的赡养义务，也就是说，之前 B 公司的"所有者权益"项目即"新娘"对其父母的赡养义务也不能再出现在合并财务报表中，和"长期股权投资"一样需要在合并报表中进行全额的剔除。所以，经过调整以后的合并报表如表 25-2 所示。

表 25-2　合并日母子公司合并资产负债表

合并后			单位：万元
项目	A 公司	B 公司	合并报表
资产	100	50	100＋50－30＝120
其中：长期股权投资	30		
负债	30	20	30＋20＝50
所有者权益	70	30	70＋30－30＝70

通过上文的讲述，相信广大读者朋友对于合并报表的编制原理有了一个感性的认识。现在，我们对于之前的已知条件来做一点改变，我们现在假设"新郎"给出的"彩礼"是 40 万，也就是说，比"新娘"的"嫁妆"多了整整 10 万元，这个 10 万元在会计上是"商誉"的价值，那为什么"新郎"愿意多出 10 万元的"彩礼"来迎娶新娘，因为"新娘"天生丽质，太有魅力了，这里新娘的"魅力"其实就是"新娘"B 公司的"商誉"价值。那么，在这个情形下，调整以后的合并报表如表 25-3 所示。

表 25-3　合并日母子公司合并资产负债表（存在"商誉"的情形）

合并后			单位：万元
项目	A 公司	B 公司	合并报表
资产	100	50	100＋50－40＋10＝120
其中：长期股权投资	40		
其中：商誉			10
负债	30	20	30＋20＝50
所有者权益	70	30	70＋30－30＝70

在了解了合并报表中存在"商誉"的情形以后，我们再次对之前的假设条件做出一些改变。我们现在假设"新郎"的"彩礼"钱还是 40 万元，但是由于"新娘"的双亲视女儿为掌上明珠，希望女儿即使出嫁以后也能

常回家看看，所以只同意给"新郎"80%的股权，也就是说，"新娘"虽然还是能带走全部的嫁妆嫁给"新郎"，但是其还需要对其父母双亲尽20%的赡养义务。在这种情形下，子公司 B"所有者权益"项下的20%的金额仍然需要带到合并报表中。当然，这个时候这20%的金额是以一个单独的项目出现在合并资产负债表的"所有者权益"中，也就是"少数股东权益"，其对应的金额为 6 万元（30×20%）。同时，由于80%的"净资产"所对应的金额为 24 万元（30×80%），所以这里合并报表中的"商誉"金额也变成了 16 万元（40－24），因为"商誉"的本质就是母公司收购子公司所愿意支付的那部分收购溢价，也就是新郎愿意多出的那部分"彩礼"的金额。所以在这里，经过调整以后的合并报表如表 25-4 所示。

表 25-4　合并日母子公司合并资产负债表
（存在"少数股东权益"以及"商誉"的情形）

合并后			单位：万元
项目	A 公司	B 公司	合并报表
资产	100	50	100＋50－40＋16＝126
其中：长期股权投资	40		
其中：商誉			16
负债	30	20	30＋20＝50
所有者权益	70	30	70＋30－30＋6＝76
其中：少数股东权益			6

以上就是合并日合并报表的编制举例，相信广大读者朋友已经通过上文的举例得出了合并日报表编制的基本逻辑：那就是将子公司的净资产全部转移到母子公司的"合并报表"中，同时将母公司的"长期股权投资"项目和子公司的"所有者权益"项目全部予以剔除，就是一个新娘带来了全部的嫁妆，新郎留下了全部的彩礼。当然，如果新郎愿意为娶新娘而多

出一部分钱，这部分钱就会作为新娘的"商誉"被记录到合并资产负债表当中。

当然，实际的并购案例肯定要远比我们的举例来得更为复杂。比如，在收购日，投资方企业即"新郎"A公司所支付的对价不是高于而是低于被投资企业即"新娘"B公司的净资产的公允价值的时候，我们该怎么处理？如果收购日B公司的净资产的公允价值不等于其账面价值的时候我们又该怎么处理？这些知识可能还是需要我们广大读者朋友进行更为深入、系统的学习才能掌握，本讲内容也旨在通过一个类比的方法另辟蹊径，来为大家提供一些解决问题的思维路径。

第 26 讲

合并财务报表（下）：相亲相爱的一家人

　　在上一讲中，我们已经向广大读者朋友阐述了合并报表编制的基本原理。在看完上一讲后，相信一定会有读者朋友会有这样的一个疑问，为什么上一讲只是介绍了合并资产负债表的编制过程，而没有介绍合并利润表和合并现金流量表这两大报表的编制过程呢？其实确切地说，上一讲我们是给广大读者介绍了合并日也就是说双方正式"缔结婚约"那一天的合并报表，双方的正式"婚姻生活"也就是从那一天开始的，由于"缔结婚约"那一天还没有正式开始"婚姻生活"，所以这个新家庭当然还没有产生任何的"收入""费用"（即"利润表"项目）以及"现金流量"（即"现金流量表"项目），有的只是新婚日当天的"家底清单"（即"资产负债表"）。

　　但是在这之后，当新郎和新娘正式步入婚姻殿堂并开启了甜蜜的婚姻生活以后，这个新家庭除了继承了新婚日的"家底"，也从此开始有了属于这个新家庭的"收入""费用"以及"现金流量"，也就是说，以后每个资产负债表日如果我们再要为这个"新家庭"编制合并报表，除了需要编制这个新家庭的"资产负债表"，还需要编制"利润表"以及"现金流量表"等其他财务报表。

　　对于"资产负债表"，我们仍然可以沿袭上一讲的思路——即同时剔除"新郎"母公司的"长期股权投资"以及"新娘"子公司的"所有者权益"，同时，对于合并过程中母公司的"长期股权投资"、子公司的"所有者权益"的差异金额，按照之前所讲的，分别确认为合并报表中的"商誉"（溢价收购）或"营业外收入"（折价收购）。

除了合并资产负债表的编制方法外，我们在之前的《现金流量表的秘密》的讲解中也和广大读者朋友一起讨论分享了现金流量表的编制方法，这两讲的方法对于合并报表中的现金流量表也是同样适用的。那么，现在我们唯一需要解决的就是合并利润表的编制问题。对于合并利润表的编制，这里我们将给大家提出一个全新的思维理念。

一、合并利润表的编制原理

承上一讲，这里我们不妨继续展开联想，在新郎和新娘完婚以后，两个人十分恩爱，并彼此约定不再区分你我，赚来的钱（收入）视为共有财产，而花掉的钱（成本费用）也一起承担，彼此之间就是"相亲相爱的一家人"。

站在合并利润表的角度，既然母子公司成为了"相亲相爱的一家人"，那么原来母子公司双方各自的"收入"以及"成本费用"（这里可以引申为双方利润表中各个项目的金额）需要先进行一个简单的加总，如果母子公司没有发生内部交易（母公司和子公司进行的交易往来），那么合并利润表到这里也就大功告成了。

但是，母子公司之间如果发生了交易往来，就好比新郎为新娘做了美发，而新娘又为新郎洗衣做饭，那么这个时候合并报表对于这样的内部交易又该怎么样处理呢？如果站在新郎和新娘各自的角度，其都需要分别确认各自的"收入"以及"成本费用"。但是在合并报表这个大家庭中，由于彼此早已融为一体，不再区分你我，那么对于内部交易，站在合并报表这个大家庭的角度，这些交易双方需要视为内部的互帮互助，说得通俗一点，就是"钱从左口袋换到了右口袋"而已，也就是说，对于母子公司通过内部交易所形成各自的"收入"和"成本费用"，在合并报表中都不予以认可，合并利润表中需要全额剔除这部分金额，如 26-1 所示。

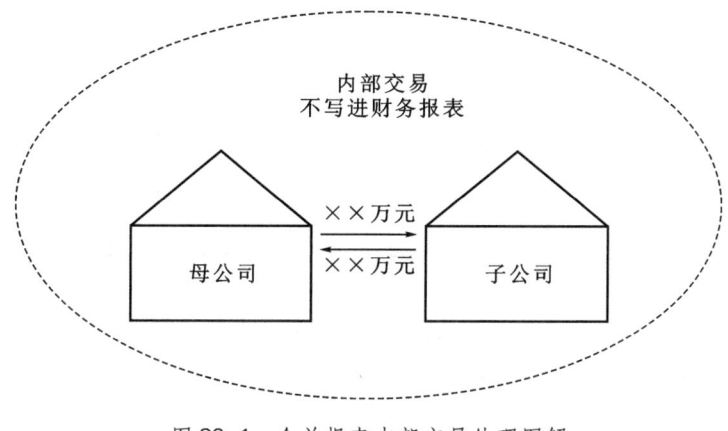

图 26-1 合并报表内部交易处理图解

二、合并利润表编制举例

在和广大读者朋友简单讨论了合并利润表的编制原理以后，下面我们还是以举例的方式来和大家一起探讨如何在实务中编制合并利润表。

假设，A 和 B 分别是母子公司的关系，本期母公司 A 和子公司 B 各自的收入分别为 100 万元和 90 万元，两者各自的成本费用分别为 70 万元和60 万元。那么，调整以前的合并利润表就如表 26-1 所示。

表 26-1 调整以前的合并利润表

合并利润表			单位：万元
项目	A 公司	B 公司	合并报表
收入	100	90	190
成本费用	70	60	130
净利润	30	30	60

本期中，母子公司发生了如下的内部交易：母公司 A 将成本价格为 20 万元的商品以 30 万元的价格销售给了子公司 B，子公司 B 再以 50 万元的价格对外进行销售，也就是说，本期母公司 A 的 100 万元的销售收入中有 30 万元的收入是来自内部交易，同时，其 70 万元的成本费用中有 20 万元是属于内部交易所形成的成本费用；对于子公司 B，由于其从母公司 A 的采购价格为 30 万元，所以这部分商品对外销售的成本价格也是 30 万元，也就是说，因为该内部交易，子公司对外销售的成本价格也虚增了 10 万元（30－20），所以，经过调整以后合并利润表的编制如表 26-2 所示。

表 26-2　经过调整以后的合并利润表

合并利润表			单位：万元
项目	A 公司	B 公司	合并报表
收入	100－30＝70	90	70＋90＝160
成本费用	70－20＝50	60－（30－20）＝50	50＋50＝100
利润	20	40	20＋40＝60

现在，我们对于之前的已知条件进行一点调整，假设本期其他条件没有发生任何变化，唯独子公司 B 从母公司 A 处所采购的 30 万元的商品在本期并没有对外销售，也就是说，母公司 A 的收入和成本费用仍然各自虚增了 30 万元和 20 万元；但是对于子公司 B，由于本期这部分商品没有对外进行销售，所以其收入和成本费用都是通过外部交易所形成的金额，不需要进行任何的调整。可能有读者朋友会发问，根据"借贷必相等"的记账原则，由于内部交易所虚增的 10 万元的毛利金额跑到哪里去了？这 10 万虚增的毛利金额当然不会凭空消失，其仍然留在子公司的"存货"上面，也就是说，这里的 10 万元不是调整合并利润表，而是需要调整合并资产负债表中的"存货"项目，所以，经过调整以后的合并利润表的编制过程就如表 26-3 所示。

表 26-3　经过调整以后的合并利润表

合并利润表			单位：万元
项目	A 公司	B 公司	合并报表
收入	100 - 30 = 70	90	70 + 90 = 160
成本费用	70 - 20 = 50	60	50 + 60 = 110
利润	20	30	20 + 30 = 50

读到这里，可能有读者又会有这样的疑问，那么这 10 万元的毛利会一直留在合并资产负债表的"存货"项下吗？当然不是，什么时候子公司 B 将这部分商品对外出售，什么时候这部分虚增的毛利金额就会转移到合并利润表的"成本费用"中，所以还是印证了那句话——"出来混，迟早要还的"。

最后，我们结合上面的两个举例，再来做一个折中的假设。还是先假设其他条件维持不变，唯独本期子公司 B 从母公司 A 处所购买的 30 万元的商品对外销售了 18 万元。也就是说，子公司 B 本期对外销售的商品的实际成本金额 = 18 ×（20 ÷ 30）= 12 万元，这样，子公司 B 本期的"成本费用"虚增了 6 万元（18 - 12）。同样，剩余由于内部交易所虚增的 4 万元的毛利金额留在了合并资产负债表的"存货"项目上，需要调整本期资产负债表中的"存货"金额，所以，合并利润表的编制就如表 26-4 所示。

表 26-4　经过调整以后的合并利润表

合并利润表			单位：万元
项目	A 公司	B 公司	合并报表
收入	100 - 30 = 70	90	70 + 90 = 160
成本费用	70 - 20 = 50	60 - 6 = 54	50 + 54 = 104
利润	20	36	20 + 36 = 56

同样，这部分由于内部交易而虚增的毛利金额也会在子公司 B 对外销

售剩余商品的当期合并利润表中进行调整。

最后，我们再来对本讲内容进行一个简单的回顾以及总结。本讲是以销售存货作为内部交易进行举例和大家一起探讨合并利润表的编制问题。当然在实务中，内部交易可能会比销售存货复杂得多，但是无论对于什么样的内部交易，合并利润表的编制都遵循这样一个逻辑原则：那就是将母子公司视为"相亲相爱的一家人"即一个整体，在此基础上，首先我们需要将母子公司各自利润表中的数据进行一个简单的汇总；其次，将母子公司内部交易的影响金额进行全额的抵消。

第三篇

财务思维拓展

第 27 讲

财务报表：一个真实的谎言

经过之前两大篇幅的讲解，我们已经知道财务报表是会计核算的最终"产品"，大部分会计信息最终都是以财务报表的方式呈现出来的。财务报表的目的其实就是反映企业在特定时点的财务状况、特定时期的盈利状况以及现金流量状况等财务信息。但是，在开始本讲的正式讲解以前，我们要跳出财务报表，来和广大读者朋友先一起读一段审计报告中的内容。

相信从事过审计工作的读者朋友对审计报告一定不会感到陌生。对于"标准无保留意见"的审计报告，在审计意见段通常都会有这样一段文字描述："××××公司××××年××月××日的财报报告按照《企业会计准则》编制，在所有重大方面公允反映了××××公司××××年××月××日的财务状况、××××年的经营成果和现金流量"。

上面这段文字如果被翻译成通俗易懂的语言，其所要表述的意思是：财务报告已经包含了企业所有的经济信息，财务报表上的每一个数字都是准确无误的，能够完全真实地反映出企业的全部财务经济信息。也就是说，站在审计师的角度，只要企业的财务报表是严格按照《企业会计准则》所编制的，那么其就能完全准确地反映企业的一切财务经济信息。但是，财务报告真的能够"准确无误"地反映企业的一切财务经济信息吗？下面，我们就这个问题来和广大读者朋友一起展开讨论。

一、货币计量属性

在之前"货币计量——从此让会计成为一门缺憾的艺术"这一讲中，我们已经知道，"货币计量"这个会计假设已经让财务报表本身所能反映的信息变得残缺，虽然无法计量的信息最终可以在财务报告的"附注"中进行"披露"，但是，其毕竟无法做到像数字一样客观准确。所以，基于"货币计量"假设，财务报告其实已经很难"准确无误"地反映企业的一切经济信息。

那么，财务报告除了这个缺陷，是否还存在着其他缺陷呢？答案当然是肯定的，我们还是需要再次回到"财务报表"中来。我们知道，"财务报表"本身就是由一堆冷冰冰的数字堆砌而成的。既然是这样，那么是不是只要企业的会计不做假账，财务报表里面的数字就能做到"准确无误"呢？诚然，数字最大的魅力就在于其"真实客观"性，但是今天我们也将从另一个维度来和广大读者朋友一起聊一聊财务报表中的那些"数字"。

这里我们需要引入会计学中的一个重要概念——计量属性。什么是计量属性呢？其实就是财务报表中的数字背后所代表的具体意义。比如在日常生活中，"温度"是我们用来计量物体冷热程度的物理量，但是"温度"的计量属性却分别有热力学温标、华氏温标和摄氏温标这三种，同样的温度用不同的温标可以得到截然不同的数字结果。同样，在会计上，我们也会有各种不同的"计量属性"，它们分别是"历史成本""重置成本""可变现净值""现值"以及"公允价值"，这些都是用来反映财务报表中的数字背后的含义。这里，我们就先来了解一下这些货币计量属性。

（一）历史成本

资产按照其购置时支付的现金或者现金等价物的金额，或者按照购置资产时所付出的对价的公允价值计量；负债按照其因承担现时义务而实际收到的款项或者资产的金额，或者承担现时义务的合同金额，或者按照日常活动中为偿还负债预期需要支付的现金或者现金等价物的金额计量。一般来说，"历史成本"就是企业曾经为取得资产而支付的买价或者因为承担债务而收到的对价，也就是之前购置资产而花的钱以及进行举债所收到的钱。会计上，绝大部分的项目都是采用"历史成本"作为其计量属性的。

（二）重置成本

资产按照现在购买相同或者相似资产所需要支付的现金或者现金等价物的金额计量。"重置成本"主要用于盘盈的资产的计量，由于没有历史成本，所以对于盘盈的资产，会计上就是采用"重置成本"作为计量属性，也就是如果现在要"买"这个资产所需要花的钱。

（三）可变现净值

资产按照其正常对外销售所能收到现金或者现金等价物的金额扣减该资产至完工时估计将要发生的成本、估计的销售费用以及相关税费后的金额计量。"可变现净值"指的是产品的售价扣除加工成本、销售费用等费用以后的净额。其主要是针对企业的"存货"的期末价值的计量，基于会计"谨慎性原则"即"不高估资产"的要求，如果"存货"的成本价格高于"可变现净值"，那么只能按"可变现净值"来计量。通俗地说，"可变现净值"就是现在将资产进行出售，扣除各项费用以后所能收回的净额。

（四）现值

资产按照预计从其持续使用和最终处置中所产生的未来净现金流入量的折现金额计量；负债按照预计期限内需要偿还的未来净现金流出量的折现金额计量。有些经济业务时间跨度可能相对较长，比如分期收款方式销售商品，所以对于"应收款项"的核算不能简单地进行数字上的加总，还需要考虑一个时间价值因素即对于各期的款项进行折现以后的价值加总来作为"应收款项"的金额。关于"现金流折现"的问题，在之前的篇幅中已经有详细的讲解，本讲在这里也就不再赘述。

（五）公允价值

公允价值是指市场参与者在计量日发生的有序交易中，出售一项资产所能收到或者转移一项负债所需支付的价格，即脱手价格。我们可以将"公允价值"简单地理解成当前的市场交易价格。对于那些有活跃交易市场的资产，比如金融资产、金融负债等需要采用公允价值进行计量，当然，大城市的房产一般也可以选择采用公允价值作为计量属性，因为这些房产也有活跃的交易市场，其公允价值也能够可靠取得。通俗地说，"公允价值"就是如果现在将资产出售或者将债务清偿，所能收回的钱或者还需要支付的钱。

二、计量属性对于财务报表的影响

在和广大读者朋友简单描述了会计的"计量属性"以后，我们需要回归到这样一个问题，"计量属性"究竟会对财务报表产生什么样的影响呢？依笔者个人的观点，这里的影响主要体现在两点，分别是：

（1）计量属性的可选择性；

（2）不同计量属性的金额的简单汇总对于财务报表的整体扭曲。

下面我们就将针对这两点与广大读者朋友分别展开讨论。

（一）计量属性的可选择性

对于同一项资产或同一笔经济业务，其很可能会因为采用了不同的计量模式而得出差异巨大的数字结论。通常，会计准则对于具体的交易一般都会明确规定需要采用哪种"计量属性"进行核算，但是，对于其中的一部分交易，会计准则其实是给企业的会计人员留有了"选择的余地"，其中最为典型的就是"投资性房地产"。

投资性房地产指的是企业用来出租而非自用的房地产。对于这类房地产，我国《企业会计准则》明确规定，企业可以选择采用"历史成本"模式或者"公允价值"模式进行后续计量。比如，一家企业十年以前在北京的二环内购置了一套商务楼用于出租，当初的购置成本即"历史成本"为100万元，但是当前的市价即"公允价值"已经飙升到了1 000万元。也就是说，如果企业选择"历史成本"作为该商务楼的价值计量属性，那么其在财务报表中的数字就是100万元（这里不考虑折旧和减值金额）；而如果企业决定采用"公允价值"作为该商务楼的价值计量属性，那么在财务报表中的数字就应该是1 000万元。根据《企业会计准则》，100万元可以是该商务楼的价值，1 000万元也同样可以是该商务楼的价值，两个数字都可以出现在"财务报表"中，都是符合会计准则的"真实数据"，那么究竟哪个数字才是"真实客观"的呢？如果"真实客观"的标准是只能有唯一解，那么"财务报表"是不是本身就不是"真实客观"的呢？读到这里，相信广大读者朋友的心中已经有了一个明确的答案。

（二）不同计量属性的金额的简单汇总对于财务报表的整体扭曲

除了计量属性的可选择性，如果我们再深入思考，就不难发现"财务报表"因为"计量属性"的差异竟然成了一张扭曲的"体检报告"。为什么这么说呢？我们来给大家举个例子，如果我们想要去了解一个人的身体状况，可能会从身高、体重等各个角度去进行了解。假设一个人的身高是180厘米，他的体重是80千克，那么我们会将这些体检参数在体检表上面分别列报，而不是最后相加得到一个简单的汇总数字，比如我们不会在体检报告上简单地写道"此人身高和体重之和是260"，这必然会让人感觉到非常诡异，因为"260"这个数字其实根本就没有任何的意义。

通过上面的举例，我们会觉得一份由各种不同计量属性的数字进行简单汇总以后形成的"体检报告"是十分荒谬的。但是，财务报表的结果恰恰就是在向财务报表使用者传递"此人身高和体重之和是260"这样一个荒谬的结论。

这里，我们不妨就以"资产"这个项目为例，财务报表中的"资产"大类包含"金融资产""存货""固定资产"等多个项目。其中，"金融资产"是通过"公允价值"或"现值"来进行计量；"存货"是采用"可变现净值"或"历史成本"（两者中的较低者）来进行计量；"固定资产"则是采用"历史成本"来进行计量等。最后经过简单粗暴的汇总，资产负债表上告诉我们"企业的资产价值是一个亿"，这"一个亿"就像将一个人的身高、体重以及三围等所有指标加在一起以后的一个简单汇总数。那么这样的话问题就来了，这"一个亿"究竟代表什么意义呢？这"一个亿"是企业资产价值的真实客观反映吗？如果不是，那财务报表是不是还像审计报告中描述的那样，财务报告真实地反映了企业的全部经济信息吗？相信广大读者朋友读到这里，心中一样会有一个明确的答案。

三、财务报表的局限性带给我们的启示

当然，关于财务报表的局限性肯定并不仅仅局限于我们在本书中所列

举的两点，有关财务报表的局限性问题可能更多的还是需要留给学术界去思考，但是财务报表本身的固有缺陷对于我们普通的财务人员或者财务报表的使用者们又会有什么样的启示呢？依笔者的愚见，可能就是需要"透过现象看本质"，也就是说，如果要想真正看清企业的财务报表，还需要先跳出财务报表。

当然，这里我们并不是在宣传财务报表无用论，而是说只有对企业的经营战略、财务战略以及所处的经营环境等内部和外部的因素都有一个清晰的认识和了解，才会反过来对财务报表的各项数据有一个更加感性的认识和理性的分析，因为财务报表各项数据其实是企业经营的一个最终反映，也就是说，财务报表是"果"而非"因"。

作为财务人员的我们，需要先从"财务报表"的"果"当中走出来回到"经营活动"的"因"当中去，最后才能真正再次回到"财务报表"中，这也正是这些年来会计界所一直倡导的"业财结合"。正所谓"尽信书不如无书"，如果我们不能从"因"追溯到"果"，无法真正把握业务的经济实质，沉迷于财务的数字游戏中而不能自拔，那么"财务报表"中的数字，对于我们而言或许真的只是一个"真实的谎言"。

第 28 讲

究竟是"利润表" 重要还是"现金流量表" 重要

承上一讲，本讲我们继续和广大读者朋友一起来聊一聊财务报表中的那些事。通过之前章节的讲解，我们都已经清楚企业的财务报表主要是由资产负债表、利润表和现金流量表三大报表所组成。如果将一个企业比喻成一个家庭，那么"资产负债表"相当于这个家庭某一特定时点的家底清单、"利润表"反映的是整个家庭一段时期内的盈利水平也就是"赚钱"的能力，而"现金流量表"其实反映的则是家庭一段时期内"现金"的收支状况。

一、利润表和现金流量表的联系与区别

从本讲的题目中，广大读者朋友就知道本讲我们将和大家展开讨论的是企业的"利润表"以及"现金流量表"。其实从某种意义上来说，企业的"利润表"和"现金流量表"其实都是企业经营成果的体现，确切地说，"利润表"反映企业在一定时期内究竟"赚到了"多少钱，而"现金流量表"则反映企业在一定时期"收回了"或者"流出了"多少钱。

那么，这两者的差异又是怎样造成的呢？目前国内主流会计教材上的描述是由"权责发生制"和"收付实现制"这两个不同的会计核算基础的差异所导致的，这样的学理性表述固然没有任何的问题。但是究其本质，

其实还是由"会计分期"假设所造成的差异，如果我们假设企业从成立到终结就是一个完整的会计期间，那么两者核算的最终结果其实应该是完全一致的，即利润表中的最终核算结果"净利润"就应该等于现金流量表中的最终核算结果"现金净增加额"。

二、我国中小企业的现状

在简单谈论了"利润表"和"现金流量表"这两者的联系和区别以后，我们再回到本讲的主题，究竟是"利润表"重要还是"现金流量表"重要？这也是当下十分热议的一个话题，在针对这个问题的讨论中，有一种甚嚣尘上的观点是"现金流量表"要比"利润表"更重要。

为什么这样的观点会甚嚣尘上呢？主要是因为当下我国中小企业的平均寿命呈现一个逐年降低的趋势。在我国，超过 97% 的企业属于中小企业，据不完全统计，截至 2019 年底，我国中小企业的平均寿命仅仅为 3 年不到。当然，造成这一现象的原因有很多，但是绝大部分的中小企业最终走向死亡还是由于企业的资金流枯竭、资金链断裂最后"资不抵债"所导致的，也就是说，企业倒闭最直接的财务表现就是由于企业的"现金流量表"而不是"利润表"出现了问题。因为对于企业而言，其偿付债务的方式一般都是需要现金支付，比如支付供应商的货款、发放员工的工资以及向税务机关缴纳税款等。所以，只要企业的"利润"无法及时变现，企业就会存在"资不抵债"、最终走向破产的风险。当然，造成这种状况的原因有很多，其中最主要的还是由于赊销业务的管理失控以及盲目的扩张投资所导致的。下面，我们就将这两个方面和广大读者展开讨论。

三、赊销业务的管理失控

在现代商业交易中，除了零售行业，交易双方一般都很难做到所谓的"一手交钱，一手交货"，大部分的交易是通过赊销和赊购的方式完成的。所谓赊销和赊购，就是交易一方（供应商）"先发货后收款"和另一方（客户）"先拿货后付款"。那么，站在供应商企业的角度，就会存在这样一个问题，供应商企业一旦发货，其就视为销售完成，可以确认"收入"和"应收款项"，也就是说，在利润表上，供应商企业由于赊销业务立即多了一笔利润，但是由于款项还没有收到，所以对于"现金流量表"而言，其并没有带来真金白银的现金流入，只有等到供应商企业实际收到该笔款项的时候企业的"现金流量表"才会有现金流入。

但是这里的问题是，由于赊销业务所产生的是"应收款项"，所以其就一定会存在着"坏账损失"的风险，也就是企业到期可能无法收回这部分款项的风险。那么，企业为什么还是要搞赊销呢？其目的无非是为了扩大企业的销售，因为如果是"现销"即"一手交钱，一手交货"的业务，那么企业的销售很难大幅度的增长，但是如果对于信用不佳的企业实行赊销业务，那么"坏账损失"的风险又必然会导致企业陷入之前所说的"现金流泥潭"，因为盲目赊销的本质是企业用现金去购买信用不良的"应收款项"。所以，合理的赊销政策以及良好的内部控制是对赊销业务最为有力的保障。同时，判断一项赊销业务是否可行的依据就是该业务由于赊销所带来的经济利益是否大于其所发生的坏账损失金额。这里，我们一起来看一个因为赊销业务而陷入财务危机的案例——宏达公司。

宏达公司财务案例

宏达公司是成立于 1988 年的电器股份制企业，1994 年 3 月，经中国证监会批准，宏达公司上市。宏达公司的主营业务涵盖电视产品、空调产

品、电子医疗产品、电力设备、机械产品、数码相机、通信及计算机产品
等，但彩色电视机一直以来都是宏达公司的主打产品，长期在国内占据领
先地位。

1997 年前后，宏达公司通过大幅降价的策略，确保了在国内彩电市场
的领头羊地位。以后几年中，随着竞争对手竞相降价，利润空间越来越小。
为了让公司摆脱这种不利的局面，宏达公司迫切希望开拓国际市场，特别是
美国市场，通过在国内和国际两个市场发展，减轻企业在经营上的风险。

也正是从这个时候开始，宏达公司的应收账款迅速增加。应收账款从
1995 年底的 1 900 万元增加到 2003 年底的近 50 亿元，应收账款占资产总
额的比例也从 1995 年底的 0.3%一下子上升到 2003 年底的 23.3%。整个
2004 年，宏达公司计提的坏账准备金共计 3.1 亿美元，截至 2005 年第一
季度，宏达公司的应收账款余额仍然高达 27.75 亿元，占资产总额
的 18.6%。

造成这一局面的原因是宏达公司为开拓海外市场，盲目对美国的家电
经销商 KR 进行授信，但是 KR 总是以质量问题或货款未收回为借口，拒付
或拖欠宏达公司的货款。截至 2002 年底，宏达公司应收账款仍高达 42.2
亿元，其中未收回的 KR 的应收账款数额为 38.3 亿（4.6 亿美元）。受应收
账款政策的拖累，2002 年年报显示，宏达公司实现收入 125.9 亿元，实现
净利 1.75 亿元，但经营性现金流量却为－29.7 亿元，这是自编制现金流
量表以来（1998 年），宏达公司的经营性现金流首次出现负数。2004 年下
半年来，宏达公司开始谋划收购 KR，重新启动国际化战略，而宏达公司接
收 KR 的代价就是 KR 公司账面上的 4.7 亿美元的"应付账款"即 KR 对于
宏达公司的欠款。对于 KR 来说，4.7 亿美元首先是偿付能力的问题，要
KR 一时拿出这么多现金相当困难；即使是有，KR 也会想出种种办法予以

拖欠。让 KR 还款的路径已被证明是行不通的。以 4.7 亿美元为代价接盘 KR 进军北美市场，可能是一种胜利，但更是一种无奈之举。

相信通过宏达公司的案例，读者朋友对于盲目赊销导致的经营风险能有一个感性的认识。

四、盲目的扩张投资

其实除了赊销业务的失控，盲目扩张也是导致企业"现金流量表"出现重大问题的元凶之一。早在 20 世纪 90 年代，巨人集团就曾经因为盲目扩张而濒临绝境。相信大家都听过这样一则广告词，那就是"今年过节不收礼，收礼就收脑白金"。没错，"脑白金"这个产品的创始人正是前巨人集团的总裁史玉柱。相信很多人都是通过"脑白金"开始真正了解史玉柱的，但是可能很多人并不知道史玉柱之前也有过惨痛的失败经历。

巨人集团案例

1989 年，毅然辞职下海经商的史玉柱创办了巨人集团。1995 年，巨人集团发动"三大战役"，先后把 12 款保健品、10 种药品和 10 多款软件一同推向市场，仅仅投放的广告金额就高达 1 个亿，而史玉柱本人更是在当年被《福布斯》列为大陆富豪第 8 位。但是好景不长，到 1996 年，由于巨人大厦资金告急，史玉柱决定将保健品方面的全部资金调往巨人大厦，而保健品行业由于"抽血过多"，迅速盛极而衰。1998 年，痛定思痛的史玉柱开始专注运作"脑白金"，于是才有了后来"巨人归来"的故事。

通过宏达公司以及巨人集团这两个案例，我们不难发现，"不当的赊销业务"以及"盲目扩张"是导致现代企业现金流短缺问题的两大元凶，如图 28-1 所示。

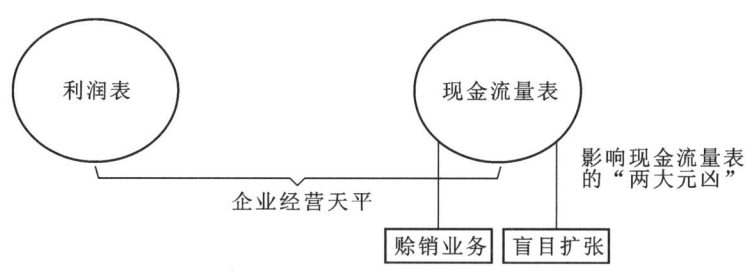

图 28-1　企业经营的天平

五、利润表和现金流量表，哪个更重要

通过上面的两个案例，可能会有读者已经认同这样一个观点——"现金流量表"远比"利润表"更重要，因为"现金流量表"会直接关系到企业的"生死存亡"。基于审慎的角度，我们先不对这样的观点做出一个武断的评价，我们可以先来分析一下现金流量表的结构。在之前关于现金流量表的篇幅讲解中，我们已经知道，现金流量表由三个部分所构成，分别是"经营活动现金流""投资活动现金流"以及"筹资活动现金流"。其中，"经营活动现金流"代表的是企业当前的"利润变现能力"；"投资活动现金流"代表的是企业对"未来的资金投入力度"；"筹资活动现金流"则代表的是企业"弥补当前资金需求的能力"。

通过之前的举例，我们可以发现，赊销政策的不当其实并不是企业的盈利能力出现了问题，而是"利润变现能力"出了问题，利润是"经营现金流"的保证，销售收入是实现经营现金净流入的来源，也就是说，没有"利润表"中的利润做保证，企业根本不会凭空产生现金流，现金流其实是利润管理的结果，只有不当的销售政策才会导致现金流出现问题。同样，扩张也就是企业进行长期资产投资，本身也没有问题，因为投资是为了获取未来的收益，这就是企业长期稳定发展的保证，只是当企业的资金来源即经营活动和筹资活动的现金流入不足以支撑投资支出时，才会给企业带来经营上的财务风险。

那么对于财务人员，我们怎么样通过企业的"利润表"和"现金流量表"来判断企业是否存在经营上的风险呢？在会计信息质量要求中，有一项"匹配性原则"，而"匹配性思维"其实对于我们分析企业的财务报表也同样适用。对于"利润表"和"现金流量表"，笔者认为两者并不存在谁比谁更重要的价值判断，两者应该是相辅相成的，通过两者之间的相互勾稽关系，我们其实可以发现企业潜在的风险。

比如，对于企业是否存在不当的销售政策以及企业的"利润变现能力"是否可靠这样一个问题，我们完全可以通过比较利润表中的"净利润"这一数据和"现金流量表"中"经营活动现金流量净额"的结果得出结论。如果企业的利润变现能力很强，那么"经营活动现金流量净额"就应该大致等于"净利润"与企业当期的非付现成本（比如，长期资产的折旧和摊销）之和，如果"经营活动现金流量净额"远远小于"净利润"与企业当期的非付现成本之和，那么可能意味着企业存在大量没有收回的应收款项，也就是说，该企业的"利润变现能力"或者说"利润质量"并不高，那么，在这种情况下，企业就有必要重新审视当前的销售政策尤其是赊销政策是否合理。

同样，要判断企业是否存在盲目扩张或资金链是否存在吃紧的情况，我们也可以通过比较企业一定时期内的"投资活动现金流"与"筹资活动现金流"是否匹配，即企业的长期投资项目的资金来源是企业的长期资本即"资金来源"和"资金用途"之间存在着"匹配性"。如果两者存在"匹配性"，那么这个时候也就意味着企业不需要大量挪用经营活动所产生的现金流进行长期投资即"短资长用"的问题（当然，完全依靠企业内部资金来源成长的企业除外），也就是说，企业存在盲目扩张而导致资金断裂的风险较小。

最后，笔者想在这里说的是，企业的三大报表其实是从不同的角度帮助我们认识企业经营状况以及财务状况的重要依据。甚至对于很多人而言，财务报表可能是我们认识企业经营状况以及财务状况的唯一信息来源。三大报表之间相辅相成，由于其本身的相互联系，三者中"你中有我，我中有你"，并不存在谁比谁更重要的价值判断，只是"横看成岭侧成峰，远近高低各不同"，我们也只有对三大报表进行一个全面系统的分析，才可能使我们真正认清企业财务状况的"庐山真面目"。

第 29 讲

什么才是真正的"复利思维"

在之前"复利原则：实际利率法的秘密"这几讲中，相信广大读者在阅读以后对"复利原则"已经有了一定的了解。所谓的"复利"，其实指的就是我们在日常生活中常说的"利滚利"——本金能够产生利息，利息也会产生新的利息，利息的利息还会再产生新的利息，如此往复循环，生生不息，只要时间拉得足够久，价值就会被无限放大，最终实现"复利奇迹"。

说起"复利奇迹"，相信不少读者朋友都接触过这样一篇励志文章——《1.01 的 365 次方和 0.99 的 365 次方》，这里面说的是这样一个道理，1.01 经过 365 次方以后得到的结果是 37.8，而 0.99 经过 365 次方以后所得到的结果却仅仅是 0.03，两者巨大的量级差异无不向人们展示了"复利奇迹"的巨大魅力。由于"复利"是一个呈指数级增长的数学模型，所以也有人宣称"复利奇迹是世界第八大奇迹"，如图 29-1 所示。

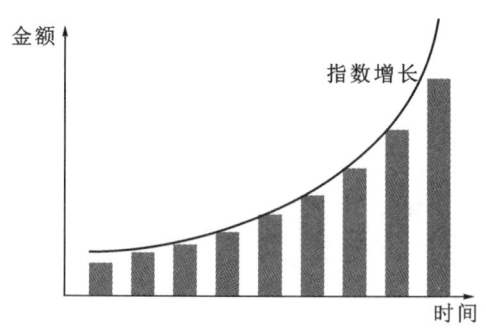

图 29-1 "复利奇迹"图解

但是在本讲中,笔者将会以一个普通财务人员的身份,秉持着严谨的治学态度,并以自身微薄的学识来对"复利奇迹"进行一个剖析,和广大读者朋友一起来揭示"复利奇迹"背后的真相。

一、"复利奇迹"中的逻辑假设悖论

首先,我们不妨还是先回到之前的举例,即 1.01 的 365 次方的结果是37.8。这里其实是假设一项投资在一定时期的投资回报率是 1%,那么经过了 365 期,其价值最终会定格在 $(1 + 1\%)^{365} = 37.8$,也就是原来的37.8 倍,在这个过程中,价值整整增值了 37.8 - 1 = 36.8 倍。

其实,这篇文章的作者在这样一个举例中,已经暗含了如下两大基本假设:

(1) 每一期的投资回报率稳定维持在 1%;
(2) 该投资回报率能连续不间断地维持 365 期。

很显然,这仅仅是一个励志故事,其实作者的初衷是想告诉大家这样一个道理,每天进步一点点哪怕是 1%,那么一年也就是 365 天以后你就会与别人拉开一大截的差距。但是在现实生活中,很多人却将其用于宣传"复利奇迹"。那么如果用于宣传"复利奇迹",这里的逻辑悖论又在哪里呢?其实就是在这两个基本假设之上。

我们知道,复利可实现的前提一定是稳定的回报率,稳定则意味着"低风险"甚至"无风险"。这里每一期的投资回报率是 1%,看上去并不高,问题是这里的期间单位是"天",也就是说,价值每天增值 1%,而每天 1% 的投资回报率显然并不属于"无风险"或者"低风险"的行列,如果将其换算成我们常说的"年化收益率",那么正好就是一开始文章中所提及的 36.8 倍的增长，即 3 680%，也就是说，该项投资的年化收益率高达 3 680%。

既然不是"无风险"或者"低风险"而是"高风险"，那么自然也就无法做到"长期稳定"，也就是说，每天 1% 的投资回报在现实生活中根本无法连续维持 365 天，所以这样的假设条件在这个世界上根本就无法实现。那么既然这样的假设前提根本不存在，我们是否可以将已知假设做一些修改，假设这里的期间单位不再是"天"而是"年"，也就是说，每年的投资回报是 1%，连续维持 365 年以后价值增加了 36.8 倍。1% 的年化投资回报率绝对属于"低风险"甚至是"无风险"的回报率，但是这里的问题是，持续 365 年以后价值也仅仅增加了 36.8 倍，这样的增长速度显然还远远不能跟上通货膨胀的速度，所以其本身并没有使财富增值，反而是使财富发生了缩水，也就更谈不上什么"奇迹"。

当然，除了《1.01 的 365 次方和 0.99 的 365 次方》的故事，相信广大读者朋友可能还听说过这样两个励志故事，分别是"荷塘理论"和"纸张对折理论"。

"荷塘理论"说的是这样一件事情，有一片荷塘，第一天只盛开了 1 片荷叶，第二天盛开了 2 片荷叶，第三天盛开了 4 片荷叶……依此类推，荷塘里所盛开的荷叶数量永远是前一天的 2 倍，某天荷塘铺满了荷叶，但是就在前一天，荷叶也仅仅只铺满了半个荷塘。同样，"纸张对折理论"说的是这样一个事实，每次将纸张对折，那么只要连续对折 42 次以后，纸张的厚度就相当于地球到月球的距离。

其实，这里的"荷塘理论""纸张对折理论"和《1.01 的 365 次方和 0.99 的 365 次方》的故事一样，仅仅是在向人们揭示指数级增长的数学意义。对于现实生活，这样的案例其实并没有太大的指导意义，因为它们和

"1.01 的 365 次方"的故事一样，都存在着一个致命的假设缺陷，就是没有人可以做到每一天都永远比前一天多付出 100% 的努力，也就是永远实现持续性的高增长。比如，某人第一天用于学习会计学的时间是 1 个小时，第二天比前一天增长 1 倍也就是 2 个小时，到第三天又比前一天增加 1 倍也就是 4 个小时。我们当然可以无限假设下去，但是一个人即使一整天的时间都在学习财务知识，他每天也只有 24 个小时而已。对于纸张对折理论，吉尼斯世界纪录也仅仅是对折 13 次而已；至于投资领域，这样的"心灵鸡汤"故事更是无法得到应用领域的任何验证。

二、"复利奇迹"中的因果倒置悖论

那么，"复利奇迹"除了存在着这样假设条件上的悖论，是否还存在其他的悖论？这里的答案是肯定的。"复利奇迹"还有一个致命的悖论就是"因果倒置"。什么意思呢？就是说，"复利奇迹"的源头就是错误的，因为这里的 37.8 其实并不是"果"而是"因"，利率才是真正的"果"。很多人以为，一项投资的投资回报率是每天 1%，持续 365 天以后最终价值达到初始投资的 37.8 倍。但是真实的故事却是，这项投资其实是在 365 天以后价值增值到了 37.8 倍，那么从这个结果倒推，得出每天的复利投资回报率应该是 1% 的结论。以一个极端的情形为例，在前 364 天，投资并没有带来任何的回报，而在第 365 天价值一下子增值到了 37.8 倍，但是根据复利计算的公式，就会得到每天的复利投资回报率是 1% 的结论。其实我们如果再深入思考，如果某天不是投资收益而是投资亏损即回报率呈现负数怎么办？比如，100 元的投资亏损发生了 50%，那么要回到最初的原始价值，以后仅仅增长 50% 是远远不够的，因为本金在萎缩，只有达到 100% 才能回到最初的起点。

三、"复利奇迹"的现实意义

通过上述的讲解，我们已经了解了"复利奇迹"背后的真相，虽然这样的"心灵硫酸"可能并不是我们所愿意接受的结局，但是至少也让我们窥探到了这个世界的真相，那就是任何想通过"复利奇迹"来实现投资致富的幻想最终可能都会幻灭。

那么，既然"复利奇迹"的神话在现实世界中已经破灭，究竟什么才是真正的"复利思维"呢？或者说，"复利思维"的现实意义又是什么呢？其实真正的"复利思维"就是"低回报的持续增长"。正因为低回报，所以伴随的才是"低风险"，也正是因为"低风险"，所以才可能做到持续性的增长。说的再通俗一点，就是"1.01 的 365 次方"这个故事的初衷即"每天进步一点点"，这里的关键其实就是"每天"和"一点点"，前者代表的是"持续性"，而后者则代表的是"低回报"。任何人的成功都需要脚踏实地地持之以恒，正所谓"不积跬步，无以至千里；不积小流，无以成江海"。最后，笔者在此就借用前 NBA 著名球星姚明的一句经典广告词来和广大读者朋友进行共勉——"我每天清晨醒来的愿望就是希望。今天能超越昨天的我"。

第 30 讲

"稳赚不赔"的买卖——商业并购

在现实生活中，我们都听过这样一句话："天底下没有稳赚不赔的买卖"，也就是说，任何商业交易活动都有"赔钱亏本"的可能性，这句话本身只是一句风险提示，但是确实也道出了现实生活中的真相——任何买卖都会伴随着发生损失的风险。

我们知道，"会计"是商业经济活动的语言，通俗地说，就是给"买卖"来记账的，而所有"买卖"的"赚"和"赔"几乎都可以体现在财务报告的"利润表"中，但是唯独有一项"买卖"，其在会计上只会发生"盈利"而不会发生任何的"亏损"，这项"稳赚不赔"的买卖究竟是什么呢？它就是商业并购。

一、商业并购

对于商业并购，相信广大读者朋友应该都不会再感到陌生，在之前关于"长期股权投资"以及"合并报表"的篇幅中我们也已经和大家做了比较详细的介绍。对于一家企业而言，通过内部扩张的方式来实现企业的成长可能是一个十分缓慢而不确定的过程，而通过并购发展则要迅速得多。

商业并购的动机就在于快速获得资源，包括廉价的生产资料、先进的技术、品牌效应、人力资源等，并购其他公司不仅能有效扩充企业的经营范围，获取更广泛的市场和利润，从而最大限度地实现"1＋1＞2"的协同效应，而且能够分散因本行业竞争带来的风险。正因如此，才会在并购诞生之初就让人们热情高涨，而兼并收购也一直以来都是资本市场上最为热门的话题之一。在整个 20 世纪，美国一共发生过 5 次并购热潮，最后一次就是 20 世纪 90 年代末到本世纪初的那段时间，这段时期相信对于很多读者朋友而言并不会感到陌生，因为这段时间其实还对应着美国的一个时代标签，那就是"互联网泡沫时代"，当然，这段时期的另一个主旋律就是大规模的商业并购。诺贝尔经济学奖获得者 George Joseph 教授就曾经说过："在美国，几乎没有一家大公司不是通过某种程度或某种方式的并购而成长起来的。"

这里的问题是，是不是所有的商业并购交易都如本讲的主题，是稳赚不赔的吗？如果不是，那么本讲的题目又为什么说"商业并购"是一项"稳赚不赔"的买卖呢？要搞清楚这个问题，我们还是需要从"商业并购"的会计处理方式说起。

二、商业并购下的会计处理

现在我们还是回到本讲的主题，为什么"商业并购"这项交易一定会"稳赚不赔"呢？这其实是和合并财务报表对于"控股合并"交易的会计处理有关。下面，我们还是通过举例的方式来和广大读者朋友说说合并报表对于"商业并购"的会计处理。

现在，我们假设有一家 A 公司和一家 B 公司，A 公司斥资 100 万元收购了 B 公司 100% 的股权，这时，A 公司就完成了对 B 公司的商业并购，A 公司和 B 公司就形成了母子公司的关系。经过市场评估，假设 B 公司的全部资产的市场价值为 150 万元，除此以外，B 公司还有 30 万元的负债，那么对于 B 公司而言，其整个净资产的价值或者说 B 公司的公司价值就是 150 − 30 = 120 万元。

这样的话问题就来了，A 公司现在既然用 100 万元的价格从 B 公司的老股东那里买了价值 120 万元的 B 公司，那 A 公司是不是从这笔交易中赚到了 20 万元呢？当然是，会计上也会在合并利润表中反映这 20 万元的"盈利"。根据"零和博弈"原则，一笔交易既然有人赚钱也就一定会有人亏钱，很显然，这笔交易中的"冤大头"其实就是 B 公司的老股东，如图 30-1 所示。

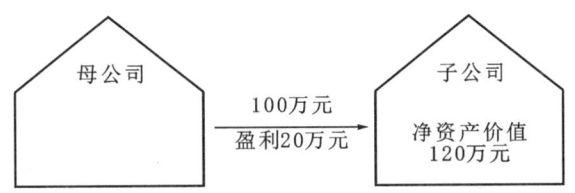

图 30-1　母公司收购价格小于子公司净资产市价的情形

对于 A 公司"赚钱"的交易，我们并不难理解，但是如果"买亏了"又怎么办呢？我们还是先回到原来的场景，在其他假设条件维持不变的前提下，现在我们假设 B 公司此时的资产价值经过评估只有 120 万元，但负债却还是 30 万元，那么这时 B 公司净资产的公允价值就变成了 90 万元，而 A 公司的收购价格却还是 100 万元，也就是说，A 公司花 100 万元买了价值只有 90 万元的 B 公司，那么这笔交易中，A 公司不就是亏了 10 万元吗？

在生活中，我们这样去理解完全没有问题，但是会计上却不这么认为，因为这里 B 公司的 120 万元的资产都是"看得见或者摸得着"的东西，专业术语称之为"可辨认"，除了这些，还有一项"不可辨认"的资产，那就是 B 公司的"商誉"资产。这里，会计上认为 A 公司多支付的这部分金额并不是因为"买亏了",而是购买了 B 公司的"商誉"这样一项资产,所以站在会计的角度,B 公司全部的资产价格是 130 万元,其中包括 120 万元"看得见或者摸得着"的资产和价值 10 万元的"商誉"资产,这样一来,合并报表里面的账就做平了,而且 A 公司也没有在这笔交易中发生任何的亏损,如图 30-2 所示。

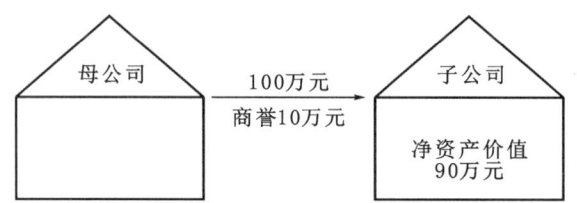

图 30-2 母公司收购价格小于子公司净资产市价的情形

从商业并购的会计处理中,我们不难发现,如果并购方的收购价格低于被并购方的净资产价值,那么合并报表中就会确认一项盈利金额,但是如果并购方的收购价格高于被并购方的净资产价值,那么这部分"亏损"其实会以"商誉"资产的形式出现在合并报表中,这也就是为什么商业并购一定是一项"稳赚不赔"的买卖。

三、关于"商誉"的深度思考

现在,我们再次回到本讲的问题,商业并购也终究是一门"买卖"即市场经济交易活动,它真的能做到"稳赚不赔"吗?答案显然是否定的。从之前的举例我们就已经知道,"商誉"的会计本质其实仅仅是并购溢价,也就是收购方愿意多付出的那部分钱而已。问题是,这部分收购溢价所形成的"商誉"价值是否真的没有掺杂任何水分?答案显然也是否定的。

在人类整个商业文明的进程中,固然有很多成功的商业收购案例。比如,《财富》周刊就曾经指出,全球软饮料巨头"可口可乐"的"品牌价值"就值 900 亿美元,900 亿美元就是可口可乐的"商誉"价值。"可口可乐"之所以拥有如此之高的"商誉"价值,究其背后的原因,是因为"可口可乐"背后强大的营销渠道、独特的配方、不断与时俱进的市场策略以及全球广泛的产品认可度。所以,"可口可乐"的商誉价值自然不会有人质疑。但是,是不是所有并购项目中的"商誉"都和可口可乐一样没有任何的水分?答案显然还是否定的。

那么问题是,如果收购方以后发现并购时所产生的"商誉"并没有兑现其最初收购时的价值又该怎样处理呢?按照我国《企业会计准则》的相关规定:"对于商誉,企业每年都需要进行减值测试,一旦确认发生减值,就需要记入到当期损益"。我们还是以之前的例子来说,在收购完成以后,A 公司每年都需要派人进行评估,当初收购 B 公司时形成的"商誉"到了现在是不是还值最初的 10 万元,如果突然有一天发现不值了,比如经过测试,发现只剩下了 5 万元,那么 A 公司这个时候就需要在合并报表中计提 5 万元的"商誉减值准备金",这 5 万元就是记入到"利润表"中的"损失"金额。也就是说,也许最初收购的时候是稳赚不赔的,但是到了这一刻,A 公司就需要确认当初并购时的损失。所以,这个世界上真没有"稳赚不赔"的买卖,任何"买卖"都有发生损失的风险,商业并购也一样,这其实就是市场经济的力量。

无独有偶,在当下的中国,很多的上市企业也热衷于采用商业并购的方式完成急速扩张。当然,在并购的过程中,自然也会在企业的账面上留下巨大的商誉价值。根据统计,截止到 2019 年底,中国拥有"商誉"这项资产的上市企业已经超过了 2 000 家,累计的"商誉价值"也已经超过了 15 000 亿元。近年来,我国 A 股市场上不断涌现出子公司"爆雷"的商业并购案例,也就是前期收购时的"商誉"在以后被证实只是"并购泡沫"而非被并购企业的"品牌价值"。在诸多商誉爆雷案例中,陕西坚瑞沃能并购深圳沃特玛一案就是其中的典型代表。

陕西坚瑞沃能并购深圳沃特玛案例

陕西坚瑞沃能股份有限公司（以下简称"陕西坚瑞沃能"）成立于2008年。2010年，陕西坚瑞沃能在深交所完成上市，在上市以前，其主营业务为消防工程系统以及气溶胶灭火装置的生产。但是上市以后，陕西坚瑞沃能在其主营业务的表现并不出色，所以，陕西坚瑞沃能也是将目光投向了新兴的新能源汽车的锂电池生产行业。正是基于这样的动因，陕西坚瑞沃能将目光瞄准了深圳市沃特玛电池有限公司（以下简称"深圳沃特玛"）。

在2016年9月2日，陕西坚瑞沃能以支付现金以及发行股份的方式完成了对深圳沃特玛的并购，并购以后陕西坚瑞沃能拥有深圳沃特玛100%的股份，深圳沃特玛也成为了陕西坚瑞沃能的全资子公司。在整个并购过程中，陕西坚瑞沃能在账面上累积了超过46亿元的"商誉"价值，占其整个净资产的比重高达61.60%。

陕西坚瑞沃能之所以愿意支付这么高的收购溢价，是因为在2016年初国家政策对新能源汽车的扶持从而导致对于锂电池的需求激增，但是基于政策性的扶持必然带来财务预测的不可控性。果然，到了2016年年底，国家对于新能源汽车的补贴政策重新进行了调整，这也一下子导致了子公司深圳沃特玛在并购以后经营业绩呈现急速的下滑以及违约风险，而母公司陕西坚瑞沃能也不得不随之计提巨额的"商誉减值准备"，其减值金额竟然高达26亿元，超过了之前所确认的金额的一半，而陕西坚瑞沃能也因为这件事在当年发生了巨额亏损，在公布其年报以后，其股价也呈现一个"断崖式"的下跌，这也不由让我们想到一句经典的电影台词，那就是"出来混，迟早要还的"。

四、"商誉"对于商业并购的现实意义

在简单理解了上文的商誉爆雷案例以后，可能有读者朋友会发问，既然"商誉"存在那么大的风险隐患，那么收购方又为什么在收购时愿意花这么高的溢价来收购一家公司？收购方难道在收购时不会审慎评估其中的风险吗？这不仅使我想到财务管理学的一个基本原则即"双方交易原则"。

所谓双方交易原则，说的是交易中的对方和你一样睿智、勤奋和富有创造力。这个原则的初衷其实是要告诉我们永远不要在高估自身的同时却低估你的商业对手。同时，由于"买的永远没有卖的精"，交易双方还存在"信息不对称"的问题，"卖方"本身在交易中存在天然的信息优势，所以"卖方"也一定会试图在"卖"前千方百计地对企业进行包装，从而让买方愿意支付高额的溢价，通俗地说，就是把一个"丑媳妇"千方百计地打扮成一个"大美人"，从而可以帮她找到一个好婆家。

孙子兵法说道：知己知彼，百战不殆。我们也一直说"商场如战场"，即使是商业信息高度发达的今天，我们依然很难做到对于一家企业有十分全面的认识，所以面对任何一项重大交易决策比如商业并购，交易双方尤其是买方都有必要慎之又慎，因为天底下从来就没有稳赚不赔的买卖。

第31讲

上帝的归上帝，凯撒的归凯撒："匹配性"思维

《圣经》里有这样一句话：让上帝的归上帝，让凯撒的归凯撒。这句谚语的初衷是想告诉世人，权力、财富以及地位这些世俗的人所趋之若鹜的东西就托付给尘世间的凯撒大帝，但是精神和信仰则是需要托付给上帝在人间的使者耶稣。

同样，在会计世界里，我们也有这样一个基本原则：匹配性原则。而匹配性原则也几乎贯穿了我们整个会计学习的始终，比如，收入与成本的匹配、会计期间的相互匹配等。如果我们把各个会计的组成要素比作"权力""财富""地位""精神"以及"信仰"，那么我们也需要让它们各就其位，做到一一对应，让那些属于"上帝"的就归还给"上帝"，让那些属于"凯撒"的就归还给"凯撒"。

一、会计中无处不在的"匹配性"

可能会有读者朋友存在这样的问题，会计上为什么要做到"匹配性"？或者说，"匹配性"会计原则的现实意义究竟是什么？要解答这个问题，我们就需要先回到"财务报告"的"目标"。在现代会计中，财务报告的目标主要有两个：

（1）受托责任观；

（2）决策有用观。

（一）受托责任观

什么是"受托责任观"？我们知道，现代企业最大的特点就是"两权分离"，即企业的"所有权"和"经营权"相互分离。企业的所有权是归属于企业的股东，但是股东可能并不直接参与企业的经营，尤其是上市企业的股东高度分散，所以他们一般会聘请有能力的职业经理人来负责经营企业，由职业经理人来履行股东赋予他们的"受托责任"。比如，通用电气就曾聘用大名鼎鼎的杰克·韦尔奇担任职业经理人。与此同时，股东也会定期对他们所聘请的职业经理人进行考核，而他们所考核的依据就是"财务报告"，也就是说，在"受托责任观"下，"财务报告"就是企业的经营者向企业的所有者交出的一张"成绩单"。

（二）决策有用观

除了"受托责任观"，财务报告的另一个目标就是"决策有用观"，什么意思呢？就是财务报告是给投资者、潜在的投资者以及债权人等财务报表使用者进行决策的依据。也就是说，投资者需要根据财务报告所展示的信息来进行一系列的决策，比如，是增持、减持还是抛售企业的股份，或者是否需要同意企业追加贷款的请求等经济决策。那么，一旦企业的财务报告所提供的信息是扭曲的，那么其必然也会影响到投资者做出正确的决策，而"匹配性"原则正是为了保证财务报告不被扭曲，从而确保财务报表使用者能做出正确决策的会计信息质量要求之一。

那么，匹配性原则在会计中的具体应用究竟有哪些呢？归结起来，主要有两个层面的"匹配"，第一个就是时间跨度上的匹配，这也就是我们已经"老生常谈"的一个问题——会计分期。在之前的《会计分期：财务操纵和舞弊的"温床"》这一讲中，我们已经知晓了"会计分期"所能释放出来的巨大魔力，这样的魔力足以让会计成为一个"朝三暮四"的游戏。本讲，我们也就不再对"会计分期"展开赘述，有需要的读者朋友也可以温习一下那一讲。

除了时间跨度层面的"匹配"，还有一个层面的匹配就是会计组成要素之间的匹配。比如，"成本"与"收入"之间的相互匹配，这也是利润表中"成本"区别于其他"费用"的判断依据。比如，对于商品生产和流通企业而言，其"成本"就是所销售商品的价值，因为销售商品能给企业带来"收入"，所以它本身的价值也就是"成本"，换言之，"收入"与"成本"之间存在着——对应的关系即两者之间存在着"匹配性"。较之于"成本"，"费用"一般无法与"收入"——对应，即两者之间不直接存在"匹配性"，比如，企业向贷款银行所支付的贷款利息，这也是为什么企业所支付的利息是"财务费用"而非"营业成本"。

二、"匹配性"思维在财务决策中的运用

在和广大读者朋友聊了"匹配性"原则以后，我们就接着来聊聊"匹配性"思维在财务决策中的运用。假设我们现在考虑投资购买一家上市企业的股票，那么在面对众多上市公司的股票时，我们一般会以什么财务指标来作为我们进行投资决策的依据呢？通常，我们会以"市盈率"或者"净资产收益率"这两个指标来作为筛选股票的依据。这两个财务指标的计算公式如下：

$$市盈率 = \frac{每股市价}{每股净收益}$$

$$净资产收益率 = \frac{净利润}{净资产总额}$$

从上面两个指标的计算公式中，我们不难发现，"市盈率"的意义其

实是普通股股东为获得 1 元的净利润所需要支付的对价；"净资产收益率"则表示股东每投资 1 元，在当期所能分享到的企业的净利润。

为什么对于我们普通股民而言，我们在选股的时候需要考虑这两个指标呢？这其实并不难理解，作为一个普通的股民，我们购买上市公司的股票的目的无非就是为了分红以及在以后股票价格上涨时将其抛售以赚取差价（资本利得），而这两个指标又恰好与我们股民的成本收益息息相关。市盈率是我们为获取利益所需要承担的成本即市价，还有一个则是在我们真正"入主"上市公司即购买了其股票以后所能分享到的利益。同时，"净利润"这个指标也是完美地贴合了股民的诉求，因为只有企业的"净利润"才是真正归属于企业的股东的利益，也就是说，"净利润"和"净资产"之间存在"匹配性"，所以这是我们广大股民在选股时进行决策的重要依据。

现在，我们将视角进行切换，我们不再是简单地投资一家企业的股票而是收购一家企业的一项业务。在这里，"业务"的会计定义是能独立产生现金流的单位，比如，企业的一个事业部、一个分公司甚至是一条生产线，说得通俗一点，就是能独立进行生产经营的资产组合，比如，2005 年联想收购 IBM 的"PC"业务即个人电脑业务就是一项典型的"业务收购"案例。

在业务收购中，我们所收购的不再是另一家企业的股权而是另一家企业能独立经营并产生现金流的资产或资产组。那么这里的问题是，我们是不是也可以简单地用"净利润"这个指标来衡量资产的盈利能力呢？我们不妨通过举例的方式来回答这个问题。

假设，现在有两个资产组项目摆在投资人面前可供选择，分别是资产组 A 和资产组 B，两者的收购报价是完全一样的，那么在这个前提下，投资人进行投资决策时所需要比较的仅仅是两个资产组的"盈利能力"。

这里，我们假设当期资产组 A 和资产组 B 各自所实现的净利润分别是 75 万元和 85 万元。如果我们还是就以"净利润"来作为对资产组的盈利能力的考核依据，那么很显然，这里我们最终的投资决策就应该是资产组 B，因为它带来的净利润更高。问题是，这里的"净利润"等同于资产的盈利能力吗？答案当然是否定的。那么，这时我们又该以什么财务指标来作为两者的投资决策依据呢？

我们都知道，净利润是一个综合指标，是所有"收入"减去所有"成本费用"以后的净额。如果我们要对资产的盈利能力做出正确的考核，就必须剔除掉与资产盈利能力所不相关的影响因素。那么，这里面有哪些指标是影响资产盈利能力的不相关因素呢？这里的不相关因素主要有两项：分别是"财务费用"以及"所得税费用"这两个项目。

其中，财务费用就是企业融资活动所产生的费用，比如企业最初为购置设备进行举债所支付的利息，其与资产的盈利能力其实是没有直接关系的，在会计上，我们将这些与决策不相关的成本称为"非相关成本"。很显然，这里"财务费用"就属于"非相关成本"，这里我们假设资产组 A 在当初取得的时候由于向外部融资，所以当期发生了 10 万元的利息支出即"财务费用"，而资产组 B 在当初取得的时候全部采用自有资金没有向外部融资，所以当期没有发生任何财务费用支出。

接下来我们再来看看"所得税费用"，所得税费用是企业的利润总额（假设不存在所得税纳税调整事项）乘以所得税税率得到的结果，如果资产组 A 和资产组 B 分别适用不同的税率，那么这部分差异其实也构成了一项"非相关成本"。比如，假设资产组 A 和资产组 B 本期的利润总额都是 100 万元，但是由于资产组 A 适用的所得税税率为 25%，所以其当期的所得税费用为 100×25% = 25 万元。而资产组 B 由于得到政府扶持等因素，所以其当期所适用的所得税税率仅仅为 15%，也就是说，资产组 B 当期的所得税费用为 100×15% = 15 万元。从这个举例中，我们就可以看出，这里的"所得税费用"其实也是一项"非相关成本"。

现在，我们将"财务费用"以及"所得税费用"这两个非相关成本进行剔除以后，就可以看出两组资产组真实的盈利水平，其中资产组 A 的真实盈利水平是 75 + 10 + 25 = 110 万元，而资产组 B 的真实盈利水平是 85 + 15 = 100 万元。很显然，资产组 A 的盈利质量是优于资产组 B 的。所以，我们正确的投资决策应该是资产组 A 而不再是资产组 B，如表 31-1 所示。

表 31-1 资产组盈利能力指标图解　　　　　　　　　单位：万元

项目	资产组 A	资产组 B
净利润	75	85
所得税费用	25	15
利润总额	100	100
财务费用	10	0
资产盈利能力指标（EBIT）	110	100

其实，在净利润的基础上扣除"财务费用"以及"所得税费用"这两项费用影响金额以后的财务指标有一个专有术语，我们称之为"EBIT"（earnings before interests and taxes）即"息税前利润"。这个指标其实就是专门用于反映资产真实盈利水平的财务数据，因为它排除了财务费用以及所得税费用对于资产盈利水平的干扰，真正地实现了与资产的"匹配性"，如图 31-1 所示。

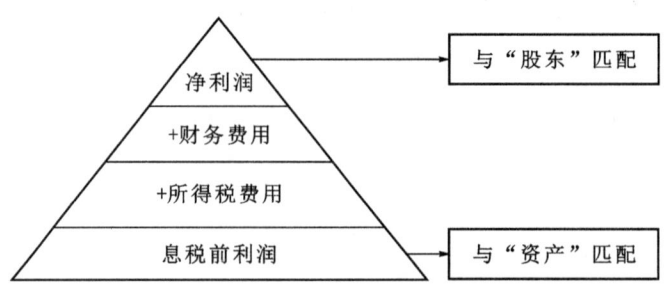

图 31-1 "净利润"与"息税前利润"图解

通过上述的举例，我们不难发现，如果不具备"匹配性思维"，那么就很容易在面对一项经济事项的时候做出不恰当的决策并可能最终导致决策失败。可见，"让上帝的归上帝，让凯撒的归凯撒"这样的"匹配性思维"其实也是我们在进行理性决策时的"圣经"。

第 32 讲

无处不在的"实物期权"思维

"期权""期货""远期合约"以及"互换合同"一起，被并称为四大金融衍生工具。由于金融衍生工具在我国出现的时间并不长，而且也不是金融投资领域的主流品种，所以对于很多人而言可能还是相对比较陌生的领域。在本讲中，我们不仅要和广大读者朋友一起聊一聊"期权"，还要一起聊一聊"实物期权"。

一、什么是"期权"

期权，对应的英文是"option"即选择权合约，期权的诞生最早是为了应对投资领域的"不确定性"，即风险。几乎所有的中国股民都知道这样一句话："股市有风险，入市须谨慎"。其实并不仅仅是股票市场的投资，任何投资领域都会伴随着风险，而人类千百万年的进化史告诉我们，人类社会是厌恶风险的，人类总会想尽一切办法来规避风险，正是基于规避风险的初衷，各种金融衍生产品包括期权也就应运而生。

那么，期权又是如何做到规避风险的呢？这里我们给广大读者朋友举个简单的例子，假设某人手里有一只股票，当前市价是 10 元，他打算在一个月以后出售，但是又担心一个月以后的股票会下跌。于是，为了规避风险，他便找来一个对手方，向其支付 1 元的期权费，并和对方约定如果一个月以后股票的市价低于 10 元，他仍然可以将手里的股票按照 10 元的价格出售给这个对手方,但是如果 1 个月以后股票的价格上涨,对手方却不能强行要求他将持有的股票按 10 元的价格进行转让。

从上面的描述中,我们不难发现期权的本质其实是一份"保险"合约,这里的保费就是 1 元,但是它可以帮助人们规避可能发生的财务损失风险。在之前的举例中,如果在一个月以后,这只股票的价格果然如其预期的那样下跌到了 8 元,那么他就会行使期权,按 10 元的价格出售给对手方;反之,如果在一个月以后,股票的价格不是下跌而是上涨到了 12 元,那么他就不会行使期权,而是按 12 元的价格在公开市场上进行出售。在实务中,像这类拥有"卖出权利"的期权也被称为"看跌期权","看跌期权"的图解如图 32-1 所示。

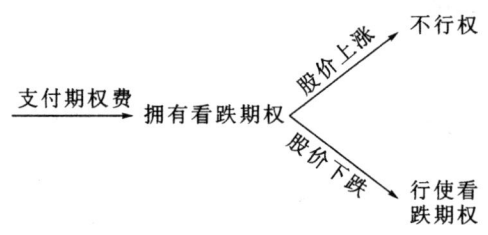

图 32-1　看跌期权图解

当然,与"看跌期权"相对应的还有"看涨期权",如果说,"看跌期权"是一项"卖出权利",那么"看涨期权"就是一项"买入权利"。

在上文中,我们已经知道,期权持有方由于只享有权利而没有义务,也正是这种权利和义务的不对称性为期权的持有方提供了一种被保险的可能,所以我们才说,"期权"的本质就是一份"金融保险"。

二、什么是"实物期权"

在简单和大家聊了期权以后,我们接下来就再一起聊聊"实物期权",

如果说"金融期权"所对应的标的物是金融产品的价格，比如我们之前提及的股票价格，那么"实物期权"的标的物很显然就是"实物"，也就是一个个具体的实物资产投资项目。

三、"实物期权"思维在投资领域的运用

较之于"金融投资"，"实物资产投资"项目一般具有"投资期长、投资风险巨大"的特点。因此，如果我们对一个实物投资项目在不同阶段分别进行评估，可能会得出截然不同的投资结论。那么这里问题就来了，对于一个现在看起来还不错的投资项目，如果以后风云突变的时候怎么才能及时"止损"呢？又或者说，一个最初并不被看好的项目经过一段时间的运作取得了不错的业绩，那么这个时候我们又怎么在半途加入呢？这里就需要运用到"实物期权"思维。

"实物期权"正是这样一种可以帮助我们在中途对实物资产投资项目适时作出投资策略调整的合约工具，它是一种特殊的合约协议，规定持有者在给定日期或该日期之前的任何时间有权利以固定价格买进或卖出某种资产。

传统投资决策方案有一个最本质上的缺憾，就是永远站在一个"静态"的视角来审视投资，其只面临"当下立即投"或者"永远不投"两种选择。而"实物期权"思维的出现，则是将投资思维决策从一个静态的世界观切换到了一个动态的世界观，可以极大地降低企业和个人投资决策的"试错成本"，将不确定性转变成为个人或企业的优势。因此，这样具有灵活调整优势又抵抗了风险的"实物期权"也被视为现代投资领域一次颠覆性的革命。一般而言，"实物期权"具体可以分为三类，分别是：

（1）延迟投资期权；

（2）扩张期权；

（3）收缩期权。

之前我们所提及的"中途止损"就属于"收缩期权"，而"中途加入"则属于一项"延迟投资期权"。那么扩张期权又是什么呢？通俗地说，就是在原来投资的基础之上再次追加投资。

目前，我国私募基金投资领域中流行的"投资轮次"就是一个典型的"扩张期权"思维在投资领域的运用。在当下，一家公司要从初创走向最终的"IPO"（"initial public offerings"，首次在公开市场发行股票），也就是我们所俗称的"上市"，往往都离不开资本在背后的推波助澜。

据不完全统计，风险基金的投资失败率一般都在90%以上，也就是说，投资人每投资10个项目或10家初创企业，最后只有不到一家初创企业能真正走到IPO阶段。面对资本市场如此巨大的风险，投资者自然需要最大限度地来降低投资风险，其中"投资轮次"就是被广泛运用的私募基金投资策略。那么投资轮次这个"实物期权"又是怎么样运作的呢？简而言之，就是对企业或者项目分批次投资而不是一次性投资。比如，最开始的"种子轮"（也叫"天使轮"），往后依次是A轮、B轮、C轮……，这样分阶段性的投资协议安排就可以适时地帮助投资人不断做出投资策略的调整，从而达到降低投资风险的目的。

我们所熟悉的京东商城在登录美国纳斯达克以前就先后累计接受了多个投资人从A轮到E轮的共计6次投资。除了京东商城，另一大电商平台阿里巴巴集团更是在2014年美国纽交所上市以前累计接受了不同投资人共计8轮的投资。当然，相比这些投资成功的案例，失败案例要多得多，但是，"投资轮次"这样的制度安排可以最大限度地降低投资过程中的"试错成本"。

除了采用投资轮次策略以外,投资人还会在每个投资轮次都与被投资企业签署一个"对赌协议"。其一般都是对于被投资企业的业绩要求,如果被投资企业无法达成协议中的业绩要求,那么就需要按对赌协议向投资人做出股权或者其他方面的让步。投资轮次安排以及对赌协议都在一定程度上保护了投资者的利益,它像一个筛子,经过一轮一轮的筛选,最终能让真正优秀的企业从残酷的市场竞争中脱颖而出。

四、"实物期权"思维在生活以及商业领域中的运用

除了在投资领域,"实物期权"在我们的日常生活以及商业活动中也随处可以找到它的影子。比如,一对恋人在正式走进婚姻殿堂以前都会先谈一场轰轰烈烈的恋爱来给彼此一段相处的时间,这段时间里,双方除了增进相互之间的了解,其实更重要的一个使命是通过这段时间的交往来判断彼此之间是否合适,能否在未来的婚姻生活中走得更远。这其实也是一种"期权思维",是为了双方避免婚姻失败的"试错成本",而这样的试错成本也可以帮助男女双方极大降低以后"婚姻投资"失败的风险,那么这里的"期权成本"又是什么呢?就是男女双方在恋爱期所投入的"时间成本"。

除了在生活领域,商业领域也从来不缺乏对于"实物期权"的创新,其中最著名的莫过于阿伦代尔公司的"电影续集拍摄计划"。美国好莱坞在历史上曾经诞生过很多经典的影片,但是能拍摄续集的经典电影数量却少很多,据不完全统计,自 1970 年以来,平均每 60 部甚至更多的影片中才会产生一部续集或一个续集系列,比如我们所熟悉的《星球大战》《第一滴血》以及《超人》等。以往,电影制片厂会根据第一部影片的成功程度来决定是否拍摄续集。对于制片厂而言,其最大的问题在于如果第一部影片获得巨大的成功,那么其自然具备拍摄续集的基础,但是与此同时,

影片主创人员的身价也会因为第一部影片的成功而水涨船高，对于续集的创作索要更高的报酬。根据统计，扣除通货膨胀因素，续集的制作成本一般是原影片制作成本的 120%。

而阿伦代尔公司的商业创新则在于其在第一部影片最终拍摄完成之前就开始着手收购其续集制作权，并按协商好的价格为"续集"支付"定金"，而最终是否拍摄续集则完全取决于第一部影片是否成功。一旦第一部影片获得成功，那么阿伦代尔公司就会实施其续集制作权，当然这个时候，阿伦代尔公司也可以选择将该续集制作权出售给其他愿意出高价的电影制片公司。对于阿伦代尔公司，其"期权费"投入就是最初支付的"续集定金"，但是却可以避免因为第一部影片的成功而带来的续集制片成本的上升。阿伦代尔公司的"电影续集拍摄计划"也一直被视为"实物期权"思维在商业领域的经典案例。

五、"实物期权"思维的现实意义

其实，无论是金融投资还是大型的实物型的项目投资，都是投资和商业领域大佬们的游戏。那么对于我们这些普通民众，其又会带给我们什么样的指导意义呢？今天，我们已经生活在一个比以往任何一个时代都更加富足和自由的年代，每个人面前都充斥着无数的机遇，这是一个无比光明的年代；而机遇的另一面则隐藏着无数未知的风险，所以这也是一个"危机四伏"的年代，正如有阳光的地方才会有影子的存在，就像英国小说家狄更斯曾在《双城记》里面描写的那样，"这是最好的年代，这也是最坏的年代"。这是一个允许"不断试错"的年代，如何在把握机遇的同时降低"试错成本"可能是未来很长一段时间人类所面临的共同命题。

那么对于我们每一个普通人，怎么才能降低"试错成本"呢？"实物期权"思维或许能带给我们一些启示，对于普通人而言，最大的试错成本可能就是"时间成本"，为了充分发挥时间成本的价值，我们完全可以在本专业以外的领域开拓自己感兴趣的"第二专业领域"，从而让自身在未来多一些选择的权利以应对各种不确定性。中国有句谚语——"技多不压人"，说的其实就是这个道理。当然，这里开拓"第二专业领域"并不是说要我们在自己的主业上半途而废，而是要时时刻刻树立"忧患意识"，保持成长，成为不可替代的存在，才是真正给自己的人生上了一个"实物期权保险"。

第 33 讲

隐藏在"变动成本"中的人生哲学

在生活中，我们常说这样一句话：天下没有白吃的午餐，也就是说，凡事都有代价。在经济学中，也有这样一个基本理论，那就是"任何生产要素都有代价"，比如，使用土地需要支付地租、雇佣劳动力需要支付工资、筹集资金也有代价就是需要向债权人支付利息或者向股东支付股利也就是我们说的"资金使用成本"。

这一切的代价，归结起来其实就是两个字——"成本"，而"成本"就是个人或者社会组织为了获取某项经济资源而必须支付的"要素代价"。经济学存在的意义就是为了解决一个"成本效益"的问题，也就是如何用最小的资源代价获得最大的收益从而实现"利润最大化"的目标。

一、利润恒等式

我们都知道会计学中有这样一个等式：利润＝收入－成本，从这个等式中，我们不难发现，要想实现"利润最大化"这个目标，我们可以从两个方面去入手，一个是尽可能增加我们的收入，还有一个就是尽可能地减少我们的成本费用支出，这也就是我们常说的"开源"和"节流"。

对于"开源"即如何扩大销售收入，笔者由于没有营销方面的背景，所以在"开源"这个层面也无法给予广大读者朋友更多的帮助。本讲，我们就和广大读者朋友一起来谈一谈"节流",顾名思义,"节流"就是要尽量做到少支出即降低成本费用。但是这里其实并不是说要恶意压榨员工实现压缩开支,而是从另一个维度也就是成本性态的角度来看待这个问题。

二、固定成本和变动成本

如果要压缩企业的成本,我们首先就需要了解企业的成本性态,什么是成本性态呢? 就是成本与产品产量和销量之间的关系。这里,我们首先要为大家引入一对概念:"固定成本"和"变动成本"。

(1) 固定成本指的是那些不会随着产量或者销售量的变化而发生变化的成本;

(2) 变动成本指的是那些会随着产量或者销售量的变化而发生变化的成本。

这里,我们不妨就以汽车生产为例,对于汽车生产商而言,它们的固定成本都有哪些呢? 一般就是厂房的租金和管理人员的工资。那么,它们的变动成本又都有哪些呢? 一般就是汽车生产商为生产一辆汽车所投入的"料""工"和"费"等生产成本。

现在,我们将之前所提及的"利润＝收入－成本"这个等式进行变形,就可以得到这样一个等式:利润＝收入－固定成本－变动成本。通过变形以后的等式,我们其实可以发现,基于"固定成本"的特性,我们如果要实现"利润最大化"这个目标,就必须尽可能地控制和压缩企业的"变动成本"。那么"变动成本"最小可以小到多少呢? 最小可以小到"零",也就是说没有变动成本或变动成本可以小到忽略不计。

那么在现实生活中,究竟有没有这样的企业或者这样的人可以做到让

"变动成本"近乎于"零"呢？当然有，最典型的例子就是大名鼎鼎的微软公司和它的创始人比尔·盖茨。微软公司和比尔·盖茨之所以能做到家喻户晓，除了因为微软公司一度成为全球市值最大的企业和比尔·盖茨在很长一段时间位居全球首富以外，更重要的还是微软那款经典的计算机操作软件——"Windows"操作系统。

对于微软公司而言，其究竟又是怎么做到变动成本为"零"的呢？这其实是由微软公司的产品——电脑软件的特性所决定的。我们知道，软件本身是由程序员所编写的一连串的代码，而软件销售的本质就是将该代码复制给无数个买主，当然，早期售卖软件可能还需要借助于光盘这样的一个媒介，但是光盘的成本相对于软件的售价而言几乎可以忽略不计，也就是说，对于微软公司而言，其每多售出一套"Windows"软件，其产品的变动成本都不会再增加，即变动成本无限接近于"零"，所以微软公司因为售卖软件所带来的收入的增加就几乎等同于利润的增长，这也正是为什么微软能够傲视群雄，比尔·盖茨可以长期霸占全球财富榜第一的原因所在。

和微软处于同时期的其他企业诸如沃尔玛、通用电气以及福特汽车等企业也都是财富500强企业里面的庞然大物，但是其销售毛利率这项指标却是远远落后于同时期的微软公司的。深究其原因，其实还是因为其他企业无法做到和微软一样让变动成本无限趋近于"零"。我们就以汽车生产商的代表福特汽车公司为例，其每销售一辆汽车就会产生占收入一定比例的变动成本（即汽车的生产成本），也就是说，其"收入"的增长与"变动成本"的增长始终保持着一个线性的关系。也正是基于这样的原因，福特汽车公司的利润不可能做到像微软公司那样，随着收入的增长而呈现一个直线上升的趋势。

三、变动成本为零的原因剖析

我们还可以将这个问题进行进一步的深挖，为什么福特汽车公司这样一个硬件设备生产商无法做到变动成本无限趋近于零，但是作为微软这样一家软件企业却可以做到呢？表面上的结论是，福特汽车公司每生产一辆汽车，就需要投入一定量的钢材、电和人力成本，所以对于福特汽车，其每销售一辆车都会产生一定量的变动成本，因此当然无法实现变动成本趋于零。而软件企业则完全不同，其软件开发只是一次性的投入，一旦开发完成，就可以真正做到"一劳永逸"，无论销售多少都不会产生额外的变动成本。

如果我们要再进一步思考这样一个问题，为什么诸如汽车这样的硬件产品不能做到无限量售卖而软件可以？这其实才是整个问题的核心，因为硬件的消费方式只能使特定的人受益也就是具有"排他性"。什么意思呢？就是一辆福特汽车只能销售给一个人或特定的一些人所使用，即每一辆福特汽车都只能由特定的人受益，一旦完成销售，该辆汽车的使用价值也会完全归属于特定的个人，所以，福特汽车公司当然也只能从特定的受益人即购买该福特汽车的人这里取得源于该辆福特汽车的唯一收入来源。但是电脑软件则完全不同，一个人购买了一套"Windows"软件以后并没有对"Windows"软件的使用价值带来任何的损耗，这也是为什么软件产品区别于硬件产品可以向无数人进行无限次售卖的真实原因。关于汽车和软件产品的使用特性如图 33-1 所示。

那么，我们是否可以得出这样的结论，由于同一个软件产品的使用价值可以使无限多的人受益，所以其可以做到让"变动成本"为零；由于每一个单位的硬件产品都只能使特定的人受益，因此，其也自然无法实现"变动成本"和软件产品一样地无限趋近于"零"。

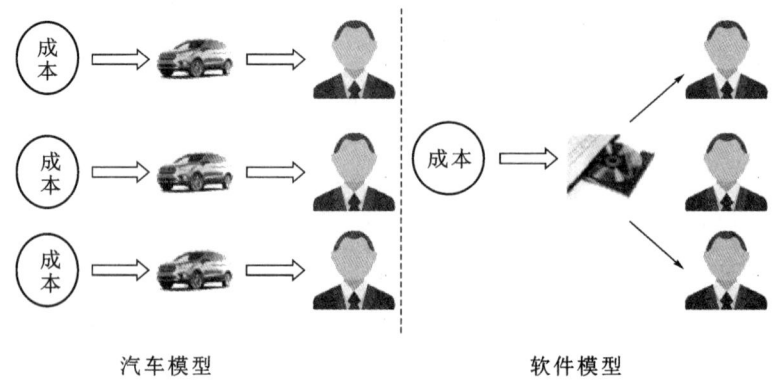

汽车模型   软件模型

图 33-1 汽车和软件产品使用特性图解

四、变动成本带给我们的人生启示

回到本讲的主题，究竟什么才是隐藏在"变动成本"中的人生哲学，或者说，"变动成本"究竟能带给我们怎么样的人生启示呢？我们每个人都只有 24 小时，我们每个人也都需要吃饭睡觉来维持生命的延续，也就是说，我们任何人都无法通过拓展我们的"硬件"来实现脱颖而出，即使我们每天比别人少睡几个小时，也绝无可能对他人实现"量级"的碾压。

同样，真正能够帮助我们实现脱颖而出的方式其实就只有升级我们的"软件"——认知水平。其实我们每个人和企业一样，也都是市场经济中的组成部分，我们也在向市场输出我们自身的"产品"——劳动以及才能，怎样才能使我们的劳动和才能让更多的人受益，从而使我们的"变动成本"无限趋近于零，这其实也是我们每个人都需要去努力思考的问题。

相信读者朋友对于《泰坦尼克号》这部电影都不会感到陌生，其中《泰坦尼克号》的主题曲《My heart will go on》的演唱者席琳·迪翁最初只是在一间小酒吧里卖唱。这个时候，她的听众非常有限，就是酒吧或者餐厅里的顾客，也就是说，这个时候她的演唱才能仅仅只能让非常有限的人受益，这时她的收入自然也和她付出的时间成本呈一个线性关系，那个时候，她当然无法使自身的"变动成本"无限趋近于零。

后来，她通过举办个人音乐会的方式来赚取出场费，这样她的听众数量较之于之前在酒吧和餐厅卖唱有了大幅度的增加，当然，这时她的收入也会较之于之前在酒吧或餐厅演唱有了大幅度的增长，因为这时她的才能和劳动能让更多的人受益。但是，这时她的收入和举办音乐会的次数仍然呈一个线性的关系，因为每场音乐会的听众数量也是有限的，所以她仍然无法做到让变动成本趋近于"零"。

那么究竟怎么样才能做到让她的变动成本无限趋近于"零"呢？就是将个人的演唱歌曲灌成唱片或者上传到互联网平台上，因为只有在这个时候，才会有无限多的听众可以聆听她演唱，她的演唱才能也只有在这个时候才能真正被无限多的人所欣赏，她的"劳动输出"也只有在这个时候才真正实现了无限售卖。也就是说，只有在这个时候，她才能真正实现让变动成本无限趋近于"零"。

同样，对于我们财务从业人员，我们也需要提升我们的"软件"——财务会计思维。在当今人工智能突飞猛进的大趋势下，财务机器人的出现和人工智能在财务领域的运用已经呈现出一个不可逆的趋势，财务机器人和人工智能之所以能带给行业颠覆性的影响力，就是因为它们在硬件层面实现了对人类的碾压，比如，财务机器人可以 24 小时不间断地工作，这一点是我们人类所永远无法实现的鸿沟。如何在与机器人的赛跑中胜出可能是未来每个财务人员都会面临和需要思考的问题，或许只有不断拓展我们对财务的认知水平和思维高度才使我们有可能在未来这场人与机器的竞争中取胜，这也是笔者撰写本书的终极目的，也希望每位读者朋友通过本书的学习，都可以提升自身的财务会计思维，在未来的人生中脱颖而出。